KB122789

새로운 생각은 어떻게 나를 바꾸는가

새로운 생각은 어떻게 나를 바꾸는가

Rethink Creativity

모니카 H. 강 지음 | 정영은 옮김

일 잘하는 사람의 창의적 사고력

교보문고

창의성이 낯선 개념이라 생각했던 당신에게.
알고 보면 늘 당신 곁에 있었던 친구,
창의성을 소개합니다.

우리는 왜 다르게 생각하기를 멈췄을까?

"상상력은 지식보다 중요하다."

– 알베르트 아인슈타인 Albert Einstein 물리학자, 과학자 –

출근할 때마다 스트레스를 받고 퇴근과 주말만 기다리는 직장인의 모습은 새삼스러운 것이 아니다. 하지만 이 모습이 정상이라고 넘겨도 안 된다. 당신이 만약 그중 한 사람이라면, 타임머신을 타고 과거로 갔다고 상상해보자. 당신은 현재의 직장에 취직하기 위해 열심히 공부했고, 면접에서 창의적으로 열심히 일할 것을 다짐했다. 치열한 경쟁을 뚫고 마침내 취업에 성공했을 때는 마치 인생의 목표를 이룬 듯 기뻤을 것이다. 그런데 채 1년이 지나기도 전에 당신의 모습은 어떻게 변했는가? 중요하지 않은 업무, 어려운 인간관계, 부서 간의 벽, 불합리한 관행을 느끼며 열정은 서서히 사그라진다. 스트레스를 받으며 일하는 것이 당연하다고 생각하고 어떤 의문도 갖지 않게 된다. 일터는 으레 그런 것이라고 생각한다. 그런데 정말 행복하게 일을 잘하는 것이 불가능할까?

기술의 발달과 혁신에도 여전히 많은 이들이 직장에서 한계와 불만을 느끼고 있다. 갤럽Gallup 조사에 따르면 현재 전 세계 직장인의 87퍼센트는 자기 일에 큰 열의가 없는 것으로 드러났다. 그뿐 아니라 직장인의 82퍼센트는 일터에서 위험을 감수하고 뭔가에 도전하거나 남들과 다른 의견을 내는 것이 꺼려진다고 답했다. 우리가 많은 시간을 직장에서 보낸다는 점을 고려하면, 이 조사 결과들은 우리의 삶이나 사고방식과도 밀접하게 연관되어 있을 수밖에 없다. 그런 의미에서 2019년 세계보건기구World Health Organization, WHO가 '번아웃burnout' 증후군을 만성적 직장 스트레스에서 기인한 심각한 건강상의 문제로 인정한 사실은 그리 놀랄 만한 일도 아니다.

우리 삶은 이대로 괜찮을까? 수많은 직장인이 월요일보다 금요일을 기다리는 현실을 그저 당연한 것으로 받아들여야 할까?

나는 이 문제의 원인이 업무에서 창의성을 발휘할 기회가 부족한 우리의 현실과 무관하지 않다고 생각한다. 일에 열의를 느끼지 못하는 87퍼센트의 직장인이 창의성과 무한한 잠재력을 발휘하기 시작하면 세상은 어떻게 변할까? 도처에 산재한 어려운 문제들이 해결되고, 우리의 일터 또한 모두가 더 행복하게 성장하는 공간이 될 수 있지 않을까? 그런 세상에서 살고 싶다는 게 너무 큰 욕심일까? 나는 그렇게 생각하지 않는다.

저 질문들은 내가 직장 혁신 전문가로서 현장에서 늘 느끼는 감정이자 끊임없이 던지는 질문이기도 하다. 나는 기업과 리더들이 창의성을 새로운 관점에서 바라볼 수 있도록, 그리고 그 과정에서 기업 문화와 직원 교육, 리더십 계발 방식을 개선할 수 있도록 돕고자 이노베이터박스InnovatorsBox®라는 창의성 교육 전문 기업을 설립했다. 그 후 4년도 안 되는 시간 동안 나는 5개국을 돌아다니며 〈포천Fortune〉 500대 기업, 대학, 비영리 단체, 정부기관 등에서 근무하는 1만여 명의 사람들과 소통했다. 그러면서 현재 우리가 생각하고 일하고 살아가는 방식에 대한 변화의 욕구가 절실하다는 것을 더 확실히 깨달을 수 있었다.

회사를 설립한 후 나는 이 책을 집필했다. 오래전부터 꿈꿔온 일이었다.

몇 년 전, 나는 이유 없는 답답함에 오랫동안 시달렸다. 직함과 명함으로 모든 것을 판단하는 사회의 고정관념에 실망했지만 그

것을 어떻게 깨야 할지도 몰랐고, 직장에서의 삶에도 퇴근 후의 삶에도 만족하지 못했다. 나는 바닥까지 가라앉았고, 삶에 대한 불만족은 우울로 나타났다. 나는 나름의 방법으로 우울에서 벗어나려 애썼다. 주변에 조언을 구하고 책을 읽고 해결책을 연구하고 시각을 넓혀보고자 모임에 가보기도 했다. 그러나 어떻게 해도 내 무한한 잠재력을 되찾을 방법이 보이지 않았다. 창의적인 마음가짐을 발견하기 전까지는 말이다.

창의성이란 무엇일까?

사전적 정의를 보면 '새로운 것을 생각해내는 특성'이다. 즉 전에 없던 무언가를 창조한다는 거창한 의미가 아니라, 고정관념, 틀에 박힌 생각에서 벗어난다는 뜻이 창의성을 광범위하게 설명해준다고 볼 수 있겠다.

창의성을 마음에 새기고 어떤 상황에서든, 어떤 문제를 대할 때마다 다르게 생각해보는 것만으로 우리는 깜짝 놀랄 만한 결과를 얻을 수 있다.

창의성이라는 것이 마음가짐이자 삶의 방식이라는 것을 이해하고 나니 직장에서뿐 아니라 삶의 다른 부분에서도 나는 더 성장하고 발전할 수 있었다. 어려운 도전에 직면했을 때 문제를 더 잘 해결할 수 있게 되었고 내 마음을 더 잘 챙기게 되었으며, 직장에서도 더 행복한 사람이 되었다. 승진했고 더 많은 일을 해냈으며, 매일 아침 더 충만한 에너지를 느끼게 되었다. 창의성은 내 삶을 그야말로 완전히 바꿔놓았다. 나는 이 경험을 더 많은 사람들과 나누고 싶었다.

내가 대화해본 리더 열 명 중 아홉 명은 더 나은 리더가 되기 위해서는 창의성이 중요하다고 말했고, 기업 성장을 위한 핵심 요소로 혁신을 꼽았다. 1950년대부터 지금까지 진행된 다양한 연구는 인간이 본래 창의적 존재이며, 누구나 창의성 계발에 필요한 역량을 지녔다는 점을 끊임없이 밝히고 있다. 그러나 오늘날 많은 이들은 창의성이 일부 선택받은 사람만 타고나는 재능 같은 것이라고 생각하거나, 전통적 의미의 예술에나 필요한 것이라고 오해한다. 내가 대화해본 사람 열 명 중 여덟 명은 "저는 창의적이지 않아요"라거나 "제게는 창의성을 발휘할 역량이 없어요" "제 업무는 창의성과 무관합니다"라고 말했다.

이 책을 집어 든 이유를 당신은 (아직) 잘 모를 수도 있다. 직장 생활이 너무 고통스럽기 때문일 수도 있고, 번아웃 증후군에 시달리며 변화를 간절히 원해서일 수도 있다. 관리자로서 팀의 성장과 혁신을 이끌 방법을 배우고자 해서일 수도 있다. 이유가 무엇이든 나는 당신이 이 책을 선택해주어 기쁘다. 한 가지 기억할 것은 창의력과 성장을 찾아 떠나는 여정에서 가장 주도적인 역할을 해야 할 사람은 바로 당신 자신이라는 점이다. 당신에게는 자유롭게 질문하고 새로운 것을 경험할 권리가 있다. 그러나 그 모든 것은 당신이 시도해야만 가능해진다. 나는 나 자신에게 창의성을 발휘할 시간을 허락함으로써 내가 살고 일하는 방식을 바꿨다. 당신도 충분히 그렇게 할 수 있다.

그러나 창의성을 찾아 떠나는 우리의 여정에서 기대하면 안 되는 것들이 있다.

첫째, 이 책은 아이디어 도출 전략을 알려주는 책이 아니다. 그런 책은 이미 시중에 많이 나와 있다. 솔직히 말하면 모든 것에 정형화된 접근법을 취하는 사람은 이미 우리 일터에 차고 넘친다. 이 책의 목표는 창의적인 사고방식으로 복잡한 문제를 해결할 수 있는 인재를 양성하는 데 있다.

둘째, 이 책은 즉각적인 결과를 내기 위한 책이 아니다. 헬스장에서 딱 하루 운동하고 살이 빠지기를 기대해서는 안 되는 것과 마찬가지다. 뚜렷한 변화는 꾸준한 노력이 필요하며, 그 효과는 시간을 두고 나타난다. 계속 자신을 돌아보며 '창의성 근육'을 단련하다 보면 창의적 사고방식이 일상에 자연스럽게 편입되어 부지불식간에 최고의 결과가 나타날 것이다.

이제부터 시작될 여정이 당신의 삶에 줄 영향을 가장 뚜렷하게 느껴보고 싶다면 그 여정의 모든 단계를 기록해볼 것을 권한다. 이 책을 읽기 전과 읽은 후 창의성에 대한 생각이, 창의적 사고방식이, 그리고 커리어에 대한 생각이 어떻게 달라졌는지 관찰하고 기록하는 것이다.

창의적 사고방식은 아이디어 도출 능력이나 문제 해결 능력을 강화하기도 하지만, 협동심과 이해심, 열린 생각과 인내심도 함께 길러준다. 창의적인 리더들이 문제 해결과 의사소통, 혁신에서도 뛰어난 능력을 보여주는 것이 바로 그러한 이유다. 창의적인 삶을 살면 눈앞의 난관이 장애물이 아닌 성장의 기회라는 것을 깨닫게 된다. 창의적 사고를 하면 내 생각과 다른 의견도 문제 해결을 위해 활용할 수 있는 훌륭한 자원이 될 수 있음을 깨닫게 된다. 예술에만 창의성이 필요한 것이 아니다. 창의성은 삶의 방식이며 인간으로서 존재하기 위해 필수적인 요소다.

기억하자. 답답해할 필요도, 스트레스를 받을 필요도, 무기력해 할 필요도 없다. 당신은 이미 뛰어난 사람이며, 당신에게 내재한 특별한 재능을 믿어도 된다. 창의적 사고방식을 복구하는 길이 순탄하지만은 않을 것이다. 하지만 약속한다. 열린 마음으로 그 길을 걸어간다면 분명 즐겁고 보람찬 경험을 할 수 있을 것이다.

이 말은 진실이기에 나는 그것이 가능하다고 믿는다. 당신은 자신의 무한한 잠재력을 믿는가?

나는 믿는다.

모니카 H. 강

지금 우리는 위기에 처해 있다

Did You Know We Are in a Crisis?

"사람들은 대개 1년 동안 할 수 있는 일에 대해서는 과대평가하면서
10년 동안 할 수 있는 일에 대해서는 과소평가한다."

✦ **빌 게이츠** Bill Gates – 기업가, 자선사업가, 혁신가 ✦

Rethink
Creativity

아침에 눈을 뜨며 오늘은 제발 좀 달랐으면 좋겠다고, 좀 나아졌으면 좋겠다고 생각한 적이 있는가? 일어나자마자 '내가 어쩌다 이렇게 살고 있지?'라고 생각한 적이 있는가? '어디서부터 잘못된 거지?'라는 생각을 한 적이 있는가?

실토하자면 모두 출근길에 내가 하곤 했던 생각들이다. 어느 날 아침, 붉게 충혈된 피곤한 눈을 비비고 무거운 한숨을 토해내며 버스 창문에 비친 내 모습을 바라보다가 충격에 빠졌다. 창문에 비쳐 나를 응시하고 있는 여자는 불행하고 겁먹고 지친 모습이었다. 누군지 알아볼 수 없었다. 나는 내 일을 사랑하는 사람이었다. 그런데 대체 어떻게 이렇게 힘들 수가 있지? 나는 이미 우울증을 앓고 있었지만, 내 상태를 인정할 준비가 되어 있지 않았다. 당시 나는 안정적인 직장에서 국제적이고 성공적인 커리어를 쌓아가고 있었다. 내 곁에는 애정 어린 가족, 나를 늘 지지해주는 친구들이 있었다. 모든 것을 갖춘 내 미래는 보장된 것이었다. 그런데도 그렇게 공허한 기분이 들다니, 너무도 혼란스러웠다.

애석하게도 당시 내가 느꼈던 답답함과 우울함은 나 혼자만의 것이 아니었다. 그것은 오늘날 대부분의 직장인들이 매일 경험하는 문제에 가깝다.

- 세계 직장인의 87퍼센트가 일에 열의를 느끼지 못한다고 답했다. — 갤럽
- 직장인의 82퍼센트가 직장에서 리스크를 감수하기가 꺼려진다고 답했다. — 갤럽
- 직장인의 76퍼센트가 직무 스트레스가 퇴근 후의 삶에도 부정적인 영향을 주고 있다고 답했고, 16퍼센트는 극심한 스트레스가 원인이 되어 퇴사한 적이 있다고 답했다. — 콘 페리 Korn Ferry
- 미국인의 65퍼센트가 일로 인한 심한 스트레스와 불안으로 고통받는다고 답했다. — 미국심리학회

- 전 세계적으로 약 2억 6,400만 명이 일로 인한 우울증과 불안장애로 고통받고 있으며, 이로 인한 세계 생산성 손실은 매년 1조 달러에 달한다. ─ 2019년 WHO 발표
- 한국은 전 세계에서 가장 혁신적인 나라로 손꼽힘에도 불구하고 OECD Organization for Economic Cooperation and Development: 경제협력개발기구 국가 중 두 번째로 높은 자살률을 보인다. ─ OECD, 세계경제포럼 World Economic Forum, WEF, 블룸버그 Bloomberg [1]
- 미국 직장인들의 자살률이 빠르게 증가하고 있다. ─ 로이터 Reuters

대체 어쩌다 이 지경이 된 걸까? 이 위기에서 벗어나기 위해 우리가 할 수 있는 일은 없을까?

한 가지는 명확하다. 너무 늦기 전에 우리가 일하는 방식, 그리고 인재를 양성하는 방식을 바꿔야 한다는 것이다. 한국의 한 친구가 해준 이야기는 내게 큰 충격을 주었다. 그 친구는 "어차피 안 될 것을 뻔히 아는데 굳이 꿈을 가지거나 뭔가를 바랄 필요가 있느냐"고 반문하며 "현 상태로 버티며 사는 것만으로도 충분히 버

─~~~~ 1) 2019년 조사에서는 한국이 OECD 국가 중 자살률이 가장 높은 것으로 나타났다. -편집자 주

겁다"고 말했다. 꿈은 가능성이 아니라 사치일 뿐이라는 말도 덧붙였다.

세상에는 매일 우리의 삶을 개선하는 혁신적인 제품들이 앞다투어 등장하고 있다. 그런데 직장의 모습은 예전이나 지금이나 그대로다. 우리는 자신 있게 새로운 아이디어를 제안하고 진정한 창의적 자아로서 존재할 수 있는 일터를 여전히 만들지 못했다. 이것은 그저 안타깝다고 하고 말 문제가 아니다. 우리는 심각한 위기에 처해 있다.

'오븐에 햄 굽기' 문제

어느 날 한 친구가 내가 하는 일, 즉 직장 문화와 리더십 문화 개선 교육이 얼마나 중요한 일인지 새삼 깨닫게 해주는 일화를 들려주었다. '오븐에 햄 굽기'라는 이 이야기는 변화를 거부하는 편협한 태도가 직장을 포함한 우리 삶에 적지 않은 영향을 준다는 점을 잘 보여준다.

어느 가정에서 있었던 일이다. 엄마는 덩어리 햄을 구울 때면 늘 양쪽 가장자리를 잘라낸 후 오븐에 넣었다. 그 모습을 보고 호기심이 동한 딸이 어느 날 엄마에게 물었다.

"엄마, 근데 햄을 구울 때 왜 가장자리를 자르는 거예요?"

"늘 그렇게 해왔으니까." 엄마가 답했다.

"왜요?" 딸이 다시 물었다.

"가장자리를 잘라내지 않으면 구웠을 때 햄을 다 망쳐." 엄마는 당연하다는 듯 다시 답했다.

"매번 잘라내는데 어떻게 알아요?" 딸이 물었다.

딸이 계속 묻자 엄마는 결국 그제야 "나도 몰라. 너희 할머니가 늘 그렇게 하셨단 말이야!"라고 실토했다.

그 말을 들은 딸이 이번에는 할머니에게 가서 이유를 물었다.

"할머니, 햄을 오븐에 구울 때 왜 가장자리를 잘라내야 해요?"

할머니는 웃으면서 이렇게 답했다. "얘야, 그건 예전에 쓰던 오븐이 작아서 그랬던 거란다. 가장자리를 잘라내지 않으면 오븐에 들어가지 않았거든."

어떻게 된 일인지 알겠는가?

큰 오븐을 사용하는 어머니는 애초에 햄의 양쪽 가장자리를 잘라낼 필요가 없었던 것이다. 그런데 별생각 없이 그저 하던 대로 했던 어머니는 몇 년 동안이나 아까운 햄을 잘라서 버렸다. 우리는 얼마나 자주 이런 일을 할까? 누군가가 한 말이나 지시가 맞겠

거니 하고 그냥 따르는 경우가 많지 않은가?

한 연구에 따르면, 학교에 입학하고 직장에 다니면서 우리가 하루에 던지는 질문의 개수는 급격히 감소한다고 한다. 질문을 멈추는 순간 배움도 멈춘다.

창의성이란 매 순간 모든 것에 호기심을 가질 때 발휘된다. 호기심은 배움과 진보를 위한 원동력이 된다. 살면서 만나는 많은 난관의 원인과 해결책을 모두 알 수는 없다. 그러나 끊임없이 질문을 던지고 답을 찾다 보면 새롭고 중요한 통찰을 발견할 수 있다.

우리가 지금은 당연하다고 받아들이는 많은 것들이 과거 과학자와 발명가, 혁신가, 탐험가들의 호기심에서 시작되어 많은 시행착오를 거쳐 만들어졌다는 사실을 깨달을 필요가 있다.

질문학 전문가 워런 버거Warren Berger와 테드TED 콘퍼런스의 오리지널 크리에이터인 리처드 솔 워먼Richard Saul Wurman은 《어떻게 질문해야 할까A More Beautiful Question》라는 책에서 질문이 줄어들고 있는 현상에 대해 깊은 우려를 표했다. 버거와 워먼에 따르면 취학 전 아동은 부모에게 하루 평균 100회 이상 질문을 한다. 그런데 질문의 수는 학교에 입학하며 급격히 줄어들기 시작해 중학생쯤 되면 '아예 질문하지 않는 수준'까지 간다는 것이다. 워먼은 이러한 현상에 우려를 표하며 그 원인을 '좋은 질문을 던지는 사람보다 주

어진 질문에 답하는 이들을 보상하는' 문화와 교육 시스템에서 찾는다.[2]

상황이 이렇다 보니 직장에 들어갈 나이쯤 되어서는 많은 이들이 기발하고 창의적인 사고를 어려워한다. 우리는 정해진 길을 따라가고 객관식 문제에서 정답을 골라내며 보상받는 데 이미 익숙해져 있고, 질문을 던지는 사람에게는 아무런 보상이 주어지지 않는다는 것도 잘 알고 있다. 그러니 굳이 다른 시도를 할 필요가 없는 것이다. 성공으로 가는 청사진이 이미 뚜렷한데 왜 굳이 다른 길로 가보려 하겠는가?

가능한 변화, 필요한 변화

어떤 경로로 그런 생각을 가지게 되었는지는 이해가 된다. 나 또한 바로 그런 마음가짐에 갇혀 있던 장본인이기 때문이다. 나도 별생각 없이 늘 하던 대로 햄의 가장자리를 자른 적이 많았다. 그러다 햄이 제대로 익지 않거나 뭔가 잘못되면 괜히 오븐 탓을 하

2) https://amorebeautifulquestion.com/why-do-kids-ask-so-many-questions-but-more-importantly-why-do-they-stop/

곤 했다.

나는 미래에 대한 목표가 뚜렷한 사람이었다. 직업에서부터 교육, 사랑, 인생의 경험에 이르기까지 이루고 싶은 목표가 확실했고, 성공적인 커리어를 쌓으며 최고의 인생을 살겠다는 의지에 불탔다. 나는 목표를 이루는 데 필요한 모든 일을 성실히 했다. 학교에서 좋은 학점을 받고, 훌륭한 기업에서 인턴으로 일했으며, 그 결과 좋은 일자리를 얻었다. 물론 가끔은 엉뚱한 일탈을 하기도 했다. 학창 시절 1년 동안 모은 돈으로 여름방학 학원 특강에 가지 않고 티베트와 이집트로 훌쩍 여행을 떠났던 일처럼 말이다. 그러나 전반적으로는 세상이 말하는 꿈의 직업과 인생을 쟁취하기 위해 성실하게 노력했다.

그렇게 이룬 삶은 달콤했다. 나는 세 개 대륙에서 살며 다섯 개 업계에서 일했고, 열정적으로 몰두할 수 있는 일을 찾았다. 거기에 도달하기까지 나는 정말 열심히 노력했고, 국제 관계 분야에서 성공적인 커리어를 쌓아갈 수 있었다. 그 시기에 나는 전 세계를 누비며 일했고, 주변에는 좋은 친구들이 넘쳤다. 제네바에서 빈, 서울, 베이징, 워싱턴 D.C.에 이르기까지 내가 사랑하는 여러 도시에서 살며 일한 시간들은 단 한 순간도 지루할 틈이 없는 신나는 모험으로 채워졌다. 하지만 출근길 버스에 앉아 창문에 비친 내 모습을 바라보던 그 아침, 나는 하루를 신나게 시작했던 게 언제였는지 기억조차 할 수 없었다. 나는 분명 아침을 활기차게 시작하는 사람이었는데, 출근길을 사랑하는 사람이었는데, 그랬던 내가 언제 그렇게 변했는지조차 기억할 수 없다는 사실이 공포로 다가왔다.

나는 큰 꿈을 꾸는 데 익숙한 사람이었다. 그런데 야심이 클수록 최악의 상황을 상상하는 일이 잦아지고, 실망을 경험하는 데 익숙해져야 했다. 그런 사실을 내게 알려준 이는 없었다. 이루고 싶은 게 많을수록 실패가 더 두려워졌다. 하나둘 정부기관에 취업하는 친구들을 보며 나 혼자 취업에 실패할까 봐 두려웠다. 취업한 후에는 열심히 일하고도 승진에 실패할까 봐 두려웠다. 나는 뒤처지는 게 두려웠고, 그럴수록 조직 문화에, 자격 요건에, 직함에, 업계의 기준에, 그리고 좋은 친구라는 기대에 나를 끼워 맞추려고 안간힘을 썼다. 하지만 그렇게 어딘가에 맞추려고 애쓸수록 나라는 사람은 점점 사라져갔다. 나는 두려움에 의해 움직이고 있었다.

더는 이대로 살 수 없다는 생각이 들 무렵 나는 정체된 현재를 흔들어보기로 결심했다. '햄의 가장자리를 자르는 이유'가 무엇인지 묻기 시작한 것이다.

나는 호기심을 가지고 일상에 변화를 주기 시작했다. 우선 출근 방식이나 회사에서 휴식을 취하는 방법을 바꾸는 것 같은 작은 변화부터 시도했다. 25분 걸려 버스를 타고 하던 출근을 45분 동안 걸어서 해보았다. 업무 중 잠시 커피를 마시며 휴식을 취하고 싶을 때는 늘 가던 스타벅스가 아닌 세 블록 떨어진 곳에 있는 다른 카페에 갔다. 한 번도 들어본 적 없는 음악을 듣고, 아는 사람이 거의 없는 모임에도 참석해보았다. 처음에는 이런 변화들이 나를 더 창의적으로 만들고 있다는 느낌을 전혀 받을 수 없었다. '뭐가 달라지긴 했나?'라는 의문이 들었다. 그러나 시간이 지나며 차츰 내 안에 호기심과 에너지가 차오르는 것이 느껴졌다.

하루는 미술용품 가게에 가서 색연필과 스케치북을 사기도 했다. 나는 조지타운 워터프런트 공원 강변에 앉아 오리와 일몰을 스케치했다. 내가 그리고 있으니 놀랍게도 거의 모든 사람이 당연한 듯 나를 예술가로 보았다. 우리가 별다른 질문이나 탐구를 하지 않은 채 정말 많은 것들을 추정하며 산다는 생각이 들었다. 왜 우리는 거리에서 스케치하는 사람이 당연히 예술가라고 추측하고, 그렇지 않으면 이상하다고 생각할까?

사회의 기대에 갇히기보다 내가 나 자신을 정의하기로 결심한 순간 나는 더 자유로워지고 크게 성장할 수 있었다. 바로 그 순간

나는 내 안에 내재된 창의성을 다시 만나기 위한 한 걸음을 내디뎠다. 내가 하는 모든 일에 100퍼센트의 모습으로 임할 수 있다면 내 삶이 어떻게 변할 수 있을지 생각했다. 물론 내가 당시 종사하던 핵안보 분야의 일도 포함해서 말이다.

창의적인 행동에 몰입했을 때 살아 있는 느낌이 들고 시간 가는 줄 모르는 것은 지극히 당연한 현상이다. 엑셀 작업에서 페인트 칠, 식사 준비에 이르기까지 모든 것이 창의적인 행동이 될 수 있다. 어린 시절 우리는 모두 창의적인 존재였다. 우리는 따로 뭘 만들겠다는 생각도 없이 많은 것을 만들었고, 아이디어를 생각해낸다고 애쓸 필요도 없이 많은 것을 생각해냈다. 그러나 불행하게도 언제부턴가 우리는 성장과 함께 어린 시절의 창의성은 당연히 사라지는 것이라고 믿게 되었다.

우리가 느끼는 답답함과 무기력함은 창의성을 발휘할 기회가 줄어든 것과 결코 무관하지 않다. 창의성은 여전히 우리 안에 있다. 갇혀 있는 창의성을 다시 해방시킬 수 있다면, 우리는 우리 안의 선물을 세상과 나눌 수 있다. 출근길 버스에서의 깨달음으로 내가 그렇게 했듯이 말이다.

무의식적으로 스스로에게 붙이는 이름표

　미국에서 악수를 하거나 명함을 주고받을 때 하는 첫 질문은 거의 정해져 있다. "무슨 일을 하세요?"라는 질문이다. 자주 받는 질문이지만, 처음부터 이런 질문을 받으면 '내 직함과 소속에만 관심이 있나?'라는 생각이 들기도 하고, '내 직업만 가지고 나에 대해 판단하겠지?'라는 생각이 들기도 한다. 사실 이런 일은 흔하다. 심지어 어떤 사람은 내 친구에게 데이트를 신청하면서 전화번호도 페이스북Facebook 아이디도 아닌, 링크드인LinkedIn[3] 아이디를 물으며 명함을 달라고 한 적도 있다(물론 좀 극단적인 예시긴 하지만 내가 하려는 말의 의도는 전달되었으리라 생각한다).

　겉모습만 보고, 또는 소속이나 직함만 보고 상대에 관해 그 자리에서 판단하는 일은 정말 많은 곳에서 다양한 방식으로 일어난다. 콘퍼런스에 가보면 다들 옷에 달린 배지를 재빨리 살펴본 후 자기에게 필요한 사람에게만 말을 건다. 네트워킹 행사에서도 사람들은 옷을 가장 잘 차려입은 사람을 찾는다. 동문회에 가면 졸업 연도와 소속 기업을 보고 누구와 대화를 나눌지 결정한다. 물

---

3) 글로벌 비즈니스 인맥 사이트로, 구인구직 서비스에 SNS 기능을 합친 서비스를 제공함. -역자 주

론 공통점을 찾는 것이 나쁜 일은 아니다. 하지만 상대를 판단하고 관계를 맺는 데 소속이나 직함이 가장 큰 기준이 되어야 할까?

우리는 살아가면서 끊임없이 스스로에게, 그리고 다른 사람들에게 일종의 '이름표'를 붙인다. 그 이름표를 붙이는 방식에 대해 다시 생각하게 된 세 가지 계기가 있다.

커리어 초기, 나는 핵 감식과 핵 밀수 대응 관련 업무를 주로 담당하는 핵 비확산 연구원으로 일했다. 일의 분야도 분야거니와, 미국 정부기관에서 일하다 보니 신입이었는데도 많은 이들이 내게 관심을 보였다. 네트워킹 행사에서 만난 사람들과 이야기를 나누다 보면 대화는 곧 에너지부나 국무부에서 일하려면 어떻게 해야 하냐는 질문으로 이어졌다. 그런데 시간이 흘러 비영리단체로 자리를 옮기고 행사에 참가해보니 나를 대하는 사람들의 태도가 예전과는 전혀 달랐다. 내 직함은 프로젝트 매니저로 예전보다 오히려 높아졌지만, 사람들은 내게 예전만큼 관심을 보이지 않았다. 많은 이들이 대화를 짧게 마무리 지으려 했고, 나와는 중요한 이야기를 나눌 의향이 없다는 것을 명확히 했다.

나는 내 직업을 사랑했고 내 일을 자랑스럽게 생각했다. 조금 덜 알려진 조직에서 일한다고 해서 나를 덜 중요한 사람으로 분류하는 이들과 한 공간에서 시간을 보내는 것은 무척 불편하고 맥 빠지는 경험이었다. 참으로 언짢은 경험이었지만, 한편으로는 혹시 나도 무의식중에 비슷한 행동을 한 적은 없는지 되새겨보는 계기가 되기도 했다.

우리는 지금 너무 일차원적인 렌즈로만 사람들을 보고 있는 것은 아닐까? 호기심과 애정을 가지고 더 많은 시간을 들여 사람들을 알아간다면 어떨까?

소속이나 직함을 빼고 자신이 어떤 '사람'인지 설명해보자. 그래야 한다면 어떤 면에 중점을 두고 어떤 표현으로 설명하겠는가? 나는 이 질문을 통해 내가 주변에 어떤 태도와 모습을 보이고 싶은지 구체화할 수 있었다. 이 질문은 직업이나 역할, 지위와 상관없이 내가 어떤 사람인지, 또 어떤 사람이 되고 싶은지 생각하는 데도 도움이 되었다.

'이름표'라는 것에 대해 생각하게 된 또 다른 계기는 스위스 제네바의 국제연합에서 일할 때의 경험이었다. 내게는 이미 한국과 미국을 오가며 생활한 경험이 있었다. 그렇기에 다른 문화권, 언어권, 공동체에서 살아가며 일하는 것에 나름 익숙하다고 생각했다. 스위스에 가기 전까지 나는 막연히 유럽도 미국과 비슷한 방식으로 일하겠거니 했다. 그러나 유럽의 직장 문화는 미국과 전혀 달랐다. 놀랍게도 미국과 비슷한 쪽은 오히려 한국이었고, 유럽인들이 일하고 커리어를 쌓는 방식은 완전히 달랐다. 근무를 시작한 지 얼마 되지 않아 내게는 '지나치게 열심히 일하는', 또는 '지나치게 빨리 일하는 이상한 아시아계 미국인'이라는 딱지가 붙었다.

아시아에서는 대부분 내 빠른 일 처리를 좋아했는데, 유럽에서는 무슨 일을 그렇게 급하게 하냐며 의아해했다. 두 시간씩 주어지는 점심시간을 다 채워 쓰지 않고 책상에서 일하며 점심을 먹으면 동료들이 다가와 무슨 일이 있냐며 걱정했다. 그곳에서 일은 삶을 이루는 많은 요소의 하나일 뿐이었다. 물론 일은 중요했다. 그러나 가족, 친구, 취미, 건강 또한 그에 못지않게 중요했다. 유럽에서는 가족과 저녁을 먹기 위해 상점 주인들이 문을 일찍 닫았다. 퇴근 후 즐기는 와인 모임은 그야말로 가벼운 사교 모임이지 미국이나 한국에서처럼 밤새도록 마시는 자리가 아니었다. 나는 취미에 대해서도 진지하게 생각하게 되었다. 사실 그때까지는 일이 내 취미였다. 독서나 여행, 기록 같은 것을 좋아하기는 했지만 늘 일에 쫓겨 취미가 뭔지 생각해볼 시간도 없었다. 유럽의 생활 방식이 완벽하다고 말하려는 게 아니다. 다만 스위스에서 생활하며 삶이라는 것에 관해 다시 생각하게 되었고, 일이 전부가 아니라는 깨달음도 얻게 되었다.

세 번째 계기는 한국계 미국인으로서 한국과 미국을 오가며 자란 경험이었다. 한국에서도 미국에서도 나는 완전히 녹아들지 못했다. 미국인이라기에는 너무 한국적이었고, 한국인이라기엔 너무 미국적이었기 때문이다. 나는 워싱턴 D.C.에서 태어났지만 가족과 함께 한국으로 돌아오면서 어린 시절을 인천에서 보냈다. 두 문화권을 오가며 자란 경험은 내게 여러 차례의 정체성 혼란을 안겨주었다. 흔히들 말하는 '제3문화권 아이'가 된 기분이었다. 한국의 초등학교에서 나는 한국식 농담이나 사고방식을 이해하지 못하는 외국인이었다. 그러나 다시 미국으로 돌아가 다닌 고등학교에서는 미국식 농담이나 스포츠 이야기, 역사를 미국 친구들만큼 이해하지 못하는 한국인이었다. 그렇다고 다른 한국 학생들처럼 수학이나 과학 성적이 월등한 것도 아니었다. 이런 성장기를 보내며 나는 내가 뭘 하기에도 부족하다는 생각, 어떤 '이름표'를 붙이기에도 애매하다는 생각을 품게 되었다. 이런 생각은 늘 같은 질문으로 이어졌다. 왜 그냥 양쪽 다이면 안 되는 거지? 그냥 나 자신이면 안 되는 건가?

이 모든 경험은 또 다른 교훈과 질문으로 이어졌다. 우리는 생각보다 자주 타인의 정의와 기대에 맞춰 우리가 누구인지, 앞으로 무엇이 될 수 있는지를 결정한다. 알베르트 아인슈타인은 "나무 타는 실력으로 물고기를 평가해서는 안 된다"고 말했다. 그러나 우리는 눈앞의 사람을 평가할 때 그 사람이 실제 어떤 사람인지 알아보려 하기보다는 자신의 기준에만 맞춰서 생각한다. 스스로를 평가할 때도 마찬가지다. 5년 전, 나는 내가 창업을 하게 될 줄 몰랐다. 책을 쓰고, 500명이 넘는 청중 앞에서 강연하게 될 줄 몰랐다. 언젠가 그렇게 되고 싶다는 막연한 바람은 있었지만, 그 꿈을 이루려면 적어도 쉰은 넘어야 될 것이라고 생각했다.

그러나 나는 지금 그 모든 것을, 그리고 그 이상을 해내고 있다. 나는 사회의 이름표를 거부한 것을 다행으로 생각하고 있다. 당신은 어떤가? 뛰어난 수영선수이면서 혹시 나무를 타지 못한다고 자책하거나 다른 사람을 시기하고 있지는 않은가? 훨훨 날아갈 능력이 있는데, 수영을 못 한다고 의기소침해 있지는 않은가?

창의성이라는 주제를 깊이 파고들수록 답은 진정한 자신으로 살아가는 데 있다는 점이 명확해졌다. 우리는 내면의 창의적 자아에 집중함으로써 자신이 지닌 최고의 재능과 통찰을 찾을 수 있으며, 우리를 정의하고 한정 지었던 이름표를 뛰어넘어 진정한 자신을 볼 수 있다. 그렇게 할 때 비로소 우리는 우리가 직함이나 소속보다 훨씬 더 중요한 것을 지니고 있음을 깨달을 수 있을 것이다.

정체된 현재와 싸우기

누군가가 "우린 늘 이렇게 해왔어, 그러니 이게 옳아"라고 말할 때마다 나는 과거 대부분의 사람이 지구가 평평하다고 믿었던 시대를 떠올린다. 고대 그리스에 살았다면 우리는 지구가 둥글다고 주장하는 아리스토텔레스Aristoteles를 이상한 사람 취급했을 것이다. "대체 이 평평한 땅이 어떻게 둥글다는 거지?"라거나 "저 사람은 사실과 논리를 좀 더 공부해야겠는데?"라며 무시했을지도 모른다. 당시 아리스토텔레스의 주장을 믿는 사람은 별로 없었다. 하지만 오늘날 그의 주장은 사실로 밝혀졌다.

우리는 다른 사람의 아이디어가 기존의 상식에 어긋난다는 이유로 묵살하곤 한다. 그런가 하면 자신이 냈던 좋은 아이디어도 사회의 기대와 다르다는 이유로 접어버리곤 한다. 하지만 정말 기존의 방식만이 최선일까? 그것을 누가 정할 수 있을까?

기존의 방식에 의문을 품지 않고 맹목적으로 따르는 것은 바람직하지 않다. 하지만 안타깝게도 이런 일은 너무 자주 일어나고 있으며, 많은 이들이 늘 해온 방식이 최선이라고 믿는다. 아까운 햄 가장자리를 잘라내면서 왜 자르는지도 모르는 것이다. 물론 과거의 지혜에서 배울 수 있는 것도 많다. 그러나 그런 지혜를 지키면서도 세상의 변화를 알고 열린 마음을 유지하는 것 또한 중요하다. 개개인으로서 우리는 꿋꿋이 자신의 아이디어를 전파했던 아리스토텔레스를 본받아야 한다. 또한 사회의 구성원으로서 우리는 과거를 존중하고 미래의 실수를 예방할 방법을 찾는 동시에 열린 태도를 유지해야 한다. 과거에 통했던 방식이 미래에도 꼭 통하리라는 법은 없다는 점을 명심해야 한다.

이런 생각을 오늘날 우리의 일터에 어떻게 적용할 수 있을까? 지금은 다섯 세대가 한 직장에서 함께 일하는 시대다. 세대별로 삶의 경험, 기술 활용도, 의사소통 방식이 모두 다르다. 기술은 소통, 여행, 구매, 심지어 데이트 방식까지 많은 것을 바꿔놓았지만, 사실 직장이라는 곳은 크게 달라지지 않았다. 우리는 여전히 9시에 출근해서 6시에 퇴근하고, 정해진 방식으로 휴가를 사용하며, 각자 담당하는 업무를 진행한다. 교통편, 데이트, 음식, 심지어 세탁물 서비스까지 휴대전화 앱 하나로 해결하는 시대인데, 우리가 일하는 방식만큼은 왜 예전과 크게 달라지지 않았을까? 2007년 출간된 팀 페리스Tim Ferriss의 책 《나는 4시간만 일한다 4-Hour Workweek》는 여전히 꾸준한 인기를 누리고 있다. 이는 많은 이들이 덜 일하고 더 노는 삶을 원한다는 방증이지만 오늘날 직장인에 관한 통계가 보여주는 현실은 다르다. 여전히 우리는 직장에서 스트레스와 답답함, 불만족을 느끼는 것이 당연시되는 사회에 살고 있다.

일에서 만족을 느끼지 못하는 87퍼센트의 직장인이 무한한 잠재력을 찾아내고 성취하게 된다면 세상에는 어떤 변화가 나타날까? 단순히 휴가를 더 주자는 이야기가 아니다. 수많은 직장인이 있는 휴가를 다 소진하지 못한 채 한 해를 마무리하며, 휴가도 못쓰고 일하는 것을 훈장처럼 여기는 조직도 있다. 이제 창의적인 마음가짐으로 우리가 일하는 방식을 완전히 바꿔야 할 때가 왔다. 더 이상 미뤄서는 안 될 시급한 과제가 된 것이다.

책의 도입부에서 언급한 한국 친구의 이야기로 다시 돌아가보자. 그 친구는 20대에서 40대에 이르기까지 많은 한국인이 꿈을 '사치'로 여긴다고 말했다. 한국 방문 시 만나본 교수들도 취업하고 커리어를 쌓는 것 자체가 극도로 힘들어진 요즘 세상에 학생들에게 무엇이든 꿈꾸라고 말하기엔 마음이 불편하다며 내 친구와 비슷한 말을 했다. 매일 아침 일어나는 것이 고통이라면 직장에서도 삶에서도 앞으로 나아가기는 힘들 것이다. 우리는 이것을 바꿔야 한다. 함께라면 변화는 가능하다.

우리는 정체된 현재를 직시하고, 이를 깨뜨리기 위한 싸움을 시작해야 한다. 한계에 갇혀 답답하고 무기력하게 살아가는 삶을

'원래 그런 것'이라 생각하고 순순히 받아들여서는 안 된다. 그저 해야 해서 하는 일만 하며 산다면 우리는 존재로서의 인간human-being이 아닌 행위자로서의 인간human-doing에 그칠 수밖에 없다.

다음 장에서는 창의성에 대한 오해를 타파하고 직장인으로서, 리더로서, 그리고 한 인간으로서 오늘날의 일터에서 성장과 혁신을 이끌 방법을 함께 알아보자.

만능 공식은 없다
There Is No One Perfect Formula

"무언가에 대해 정의를 내리는 것은 한계를 짓는 것이다."

✦ **오스카 와일드** Oscar Wilde −작가, 극작가, 시인 ✦

Rethink
Creativity

세상을 다 뒤져도 지금 이 순간 당신이 입고 있는 옷이나 장신구, 신발을 똑같이 차려입은 사람을 찾을 수는 없을 것이다. 당신이 어디에 있든 간에, 지금 당신이 쓰고 있는 안경과 신고 있는 신발, 입고 있는 셔츠와 어깨에 걸친 가방을 모두 똑같이 차려입은 사람과 마주치거나 같은 공간에 있을 확률은 극히 낮다. 이는 유니폼을 입는 직장에 다니는 사람도, 교복을 입는 학교에 다니는 학생도 마찬가지다. 모두의 취향이 다르기 때문이다. 한 발 더 나아가 생각해보면, 매운 음식이나 공포 영화, 성적 취향도 사람마다 다르다.

　　당연한 일이다.

왜냐하면 인간이라는 존재는 성격, 선호, 경험, 의사소통 방식, 편견 등이 다양하기 때문이다. 인생을 살며 즐기고, 표현하고, 성장하는 방식은 지문처럼 사람마다 다르다. 똑같은 일정으로 여행한 단체 여행객이 각자 다른 경험과 인상을 받는 것도 그런 이유에서다. 우리는 이런 차이에 관해서는 쉽게 이해한다.

그런데 창의성에 관해서는 다르다. 우리는 창의성을 단 하나의 의미로 정의할 수 있다고 생각한다. 취향이나 선호의 다양성은 쉽게 이해하면서 창의성만큼은 모두에게 같은 의미일 것이라고 생각하는 이유는 무엇일까?

창의성을 논할 때 우리가 저지르는 대표적인 실수는 바로 창의성을 예술에만 연관 지어 생각하는 것이다. 물론 예술은 창의적인 것이다. 그러나 예술 외에도 창의성을 요하는 것들은 많다. 사실 우리는 이미 매일 다양한 형태로 창의성을 표출하며 살아가고 있다. 다만 그런 행동을 창의적인 행동으로 미처 인지하지 못할 뿐이다. 인간이 모두 창의적인 존재라는 사실을 진정 이해하기 위해서는 우선 창의적 표현 방식의 다양성을 알아야만 한다. 어떤 이들은 공연할 때 창의성을 느낀다. 그런가 하면 복잡한 수학 공식을 풀거나 어려운 사업상의 문제를 해결할 때 창의성을 느끼는 사람들도 있다. 창의성의 발현 방식은 개개인의 성격만큼이나 독특하고 다양하다.

자신만의 창의적 강점과 그 발현 방식을 이해하기 위해서는 우선 그 방식의 다양성을 인정하는 것이 중요하다. 당신은 어떤 창의적 활동을 할 때 가장 큰 생기와 에너지를 느끼는가? 글쓰기일 수도 있고 분석이나 연설, 또는 그림 그리기일 수도 있다. 노래를 부르거나 뭔가를 만들 때, 디자인을 하거나 공연할 때 그런 기분을 느끼는 사람도 있을 것이다. 시간의 흐름을 잊게 하는 활동, 더 잘하고 싶다는 생각을 들게 하는 활동, 하고 있으면 행복한 활동이 바로 그것이다. 그러나 창의성을 가장 잘 발현시키는 활동을 찾기 위해서는 다양한 시도를 해야 하며, 여기에는 노력과 용기가 필요하다.

입맛에 가장 잘 맞는 타코 가게를 찾기 위해서는 우선 여러 가게의 타코를 한 번씩은 맛봐야 할 것이다. 창의적 성향도 마찬가지다. 당신의 잠재력을 꽃피우게 하는 활동이 무엇인지 파악하기 위해서는 우선 다양한 것을 시도해봐야 한다.

다시 정리해보자. 우리는 모두 창의적이지만 각자의 창의성은 다르다. 그렇기 때문에 영감을 주는 요소(인풋)와 창의성의 결과물(아웃풋), 그리고 그 결과물을 내보이는 방식(표현)에 이르기까지 모두의 창의적 프로세스가 다르다.

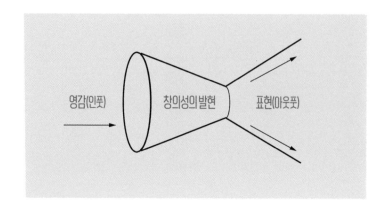

영감(인풋)　　　창의성의발현　　　표현(아웃풋)

　작가들이 모두 글을 쓴다고 해서 다들 같은 소재에서 영감을 받지는 않는다. 같은 음악을 듣고 두 사람이 영감을 받아도, 한 사람은 그 결과를 요리로 표현하고 다른 사람은 엑셀 파일 작업으로 표현할 수 있다. 어떤 투입요소와 산출물, 표현 방식이 자신의 창의성과 에너지를 가장 잘 발현시키는지 깨닫기까지는 시간이 좀 걸릴 수도 있지만, 꾸준히 시도하다 보면 어떤 상황에서 최고의 창의성이 자연스럽게 발산되는지 차츰 깨닫게 될 것이다. 일단 무엇이 나를 행복하게 하는지, 어떤 일을 할 때 즐거운지 파악해보자. 좋아하는 것을 파악하고 나면 일상의 업무에서 그것과 관련된 일을 찾아내는 것은 한결 쉬워진다. 다시 음식에 비유하자면, 어떤 음식점에 가야 할지, 어느 푸드 트럭에 가야 할지 모르는 상태에서는 타코를 제대로 즐길 수 없는 것과 마찬가지다.

자신을 더 잘 알수록 내면의 창의성과 다시 소통하고 창의적 마음가짐을 계발하는 과정은 더 쉬워진다.

인생은 객관식 문제가 아니다

기업을 경영하는 고객들은 내게 직원을 위한 창의성 워크숍을 의뢰하면서 경고하고는 한다. "우리 직원들은 매우 분석적이고 데이터 중심적이며, 무엇보다 엄청나게 바쁘기 때문에" 좀 까다로울 수도 있다고 말이다. 나는 그런 말을 들을 때마다 슬쩍 웃는다.

내가 웃는 이유는 두 가지다. 왜 그런 말을 하는지 이해가 가기 때문이며, 그럼에도 변화가 충분히 가능하다는 것을 알기 때문이다. 조달, 재무, 기술, 컨설팅 등의 분야에 종사하는 직장인들은 대개 여러 개의 프로젝트를 동시에 돌리며 수많은 데드라인과 빡빡한 일정을 소화한다. 비영리단체나 정부기관 종사자들은 빠듯한 예산으로 야심 찬 목표를 이루기 위해 동분서주하며 과로하기 일쑤다. 그리고 모두가 성과를 내야 한다는 막중한 부담감에 시달린다. 사정이 그렇다 보니 빠른 시간 안에 주어진 문제를 분석하고 정해진 정답을 찾아내는 데 익숙해져 있다.

그러나 인생은 객관식 문제가 아니다. 우리는 학교 교육을 거치며 어린 시절부터 답을 찾고 보상을 받는 데 익숙해졌지만, 이제는 다르게 생각해야 할 때가 되었다.

그럼 일단 가벼운 워밍업 문제를 풀어보자.

8의 절반은 무엇일까?

워크숍에서 내가 이 질문을 던지면 모두 눈을 깜빡거리며 나를 쳐다본다. 8의 절반이 뭐냐니, 당연히 4 아닌가? 하지만 4는 너무 뻔한 답이라는 생각에 참가자들은 숨은 답을 찾아내려 조용히 고민에 잠긴다. 강연장의 어색한 침묵이 길어질 때쯤, 참가자들은 손을 들고 자기가 생각한 답을 외치기 시작한다.

"E요!"

"W 아닌가요?"

"M이요."

"S요."

"3일 것 같아요."

"0이요."

"무한대(∞)!"

이 다양한 답이 보이는가? 참가자들은 8의 절반이 뭐냐는 질문에 대한 답을 끊임없이 내놓았다. 하나의 정답이 아닌 무한한 답을 본 것이다.

정답이 뭔지 궁금한 독자도 있을 것이다. 두말할 것 없이 모두 정답이다. 나는 애초에 답이 하나라고 말한 적이 없다. 객관식 문제에 익숙한 우리는 모든 문제에는 정해진 답이 딱 한 개만 존재한다고 생각하는 경향이 있다. 그러나 수학책이 아닌 현실에서 문제를 해결하는 방법은 언제나 다양하다. 문제 해결을 위해 내놓은 각자의 경험과 관점이 모여 '옳은' 답이 여러 개 탄생하기도 한다. 자, 여러분도 '8의 절반'을 묻는 말에 여러 개의 답이 존재한다는 사실을 받아들일 준비가 되었는가?

우리가 지금껏 얼마나 자주 다음과 같은 일을 해왔는지 솔직하게 생각해보자.

- 누군가가 8의 절반이 뭔지 물었을 때 4라고 답하고 생각을 멈춘 적은 없는가?
- 4 이외의 답을 제시하려는 동료의 말을 끊거나 재촉한 적은 없는가?
- (단지 수학 시간에 4라고 배웠다는 이유로) 4 이외의 답을 말하

는 동료의 의견을 묵살하지는 않았는가?

4 이외의 답을 내놓은 동료들에게 그렇게 생각한 이유를 물어보면 어떨까? 문제를 해결하는 다른 방법을 배우고, 새로운 통찰을 얻을 수 있지 않을까? 언제부턴가 우리는 이미 정해져 있다고 믿는 하나의 답 외의 것은 말하지 않게 되었다. 업계를 막론하고 거의 모든 직장인들이 일에서 답답함을 느끼는 것은 어찌 보면 당연한 일이다. 다른 답을 찾는 길을 우리 스스로가 완전히 막아버린 것이다.

우리에게는 변화가 필요하다.

위기를 기회로 보는 법

일이나 사업을 할 때 좁은 시야는 큰 그림과 기회를 놓치게 할 수 있다.

다트머스 경영대학원 최고경영자 MBA 과정에서 교수님이 아주 인상적인 일화를 하나 소개해주신 적이 있다. 그 과정을 수강했던 한 사업가에 관한 이야기인데, 편의상 데이브 스미스라는 이름으로 부르기로 하자. 최고경영자 과정에 입학했을 무렵 데이브의 상황은 좋지 않았다. 데이브는 캘리포니아에서 작은 호텔을 수십 년간 성공적으로 경영해온 사람이었다. 훌륭한 서비스 덕에 단골이 많았으며, 온라인 후기 또한 칭찬 일색이었다. 국립공원과 휴양 편의시설, 그리고 시내에 모두 접근성이 좋은 전략적인 위치 덕에 데이브의 호텔은 그 지역에서 높은 시장 점유율을 자랑했다.

데이브도 호텔을 오랫동안 운영해온 터라 사업에는 경기나 계절에 따른 부침이 있다는 것을 알고 있었다. 실제로도 여름에는 이용객이 증가하고 겨울에는 감소했다. 그러나 2008년 경제 위기가 준 영향은 심각했다. 가계가 허리띠를 졸라매기 시작하면서 많은 사람들이 휴가 자체를 줄이기 시작한 것이다. 매년 어김없이 매진되던 가족 휴가 패키지 상품조차 취소와 일정 조정 요청이 빗발쳤다. 데이브는 절망에 빠졌다. 상황은 매년 악화되어 결국 직원들을 내보내야 하는 지경에 이르렀다. 이윤은 심각하게 감소했고, 늘 활기가 넘치던 호텔에는 우울한 기운만이 감돌았다. 그 상황에서 데이브가 할 수 있는 일은 무엇이었을까? 데이브 혼자의 힘으로 경제를 다시 활성화시킬 수는 없는 노릇이었다. 그는 막다른 골목에 내몰린 것 같은 불안감을 느꼈다. 이러다 오랜 세월 정성스레 키워온 자식 같은 호텔 사업을 잃게 될까 봐 두려웠다.

이 상황에서 당신이라면 어떻게 했을까?

몇 년간의 악전고투 끝에 데이브는 발상을 전환하기로 했다. 그는 MBA 과정에서 배운 것을 바탕으로 기존의 생각을 넘어서고자 노력했다. 데이브의 기존 사업은 가족 중심의 고객층에게 양질의 숙박 서비스를 제공하는 사업이었다. 데이브는 이런 서비스를 필요로 하는 다른 고객층은 없을까 생각했다.

그는 바뀐 환경 속에서 다시 예전처럼 사업을 일으키기 위해 자신의 사업이 가진 특기와 장점을 분석했다. 데이브의 숙소가 지닌 장점은 훌륭한 고객 서비스와 합리적인 가격이었다. 이런 서비스를 찾을 만한 또 다른 고객층이 있었다. 바로 노인층이었다.

노인 돌봄 및 요양은 미국뿐 아니라 전 세계적으로도 중요한 이슈로 떠오르고 있다. 미국의 경우 65세 이상 인구의 75퍼센트가 한 개 이상의 만성 질환을 지닌 채 생활하고 있으며, 노인 인구는 향후 20년 안에 2배가량 증가해 8,800만 명에 이를 것으로 예상되고 있다. 2018년 미국은 가정 의료 서비스에 약 1,030억 달러를 지출했으며, 공공의료보험기관에 따르면 그 금액은 2026년에 1,730억 달러까지 증가할 것으로 전망된다.[4] 데이브 자신도 부모

---

4) https://www.cnbc.com/2019/04/09/us-home-healthcare-system-is-in-crisis-as-worker-shortages-worsen.html

님을 위한 요양 서비스를 찾느라 고생해본 적이 있어서 좋은 서비스에 대한 수요가 이미 존재한다는 것을 알고 있었다. 데이브가 경험한 바로는 좋은 서비스를 제공하는 요양원은 대부분 너무 비쌌고, 가격대가 낮은 곳은 서비스의 질이 만족스럽지 않았다. 합리적인 가격대에 집과 같은 편안한 주거 환경을 제공하는 곳은 없었고, 대부분 부모님의 여생을 보내시게 하기엔 눈에 차지 않는 수준이었다.

모든 것이 완벽하게 맞아떨어졌고, 데이브는 새로운 사업 아이디어를 바로 실행에 옮겼다. 데이브는 가족 여행객 중심이었던 호텔을 노인 요양에 특화된 양로 호텔로 개조했다. 사업적으로도 훌륭한 선택이었다. 시장의 수요가 증가하고 있었고, 데이브의 핵심 역량은 그 수요에 꼭 맞아떨어졌으며, 호텔의 위치 또한 전략적으로 탁월했다. 짧은 휴가를 즐기는 고객이 아닌 장기 체류 고객이 늘어난다는 점 또한 기대할 만했다.

데이브의 호텔이 국립공원에 가까운 곳에 위치하고 있다는 사실은 새로운 사업 모델에서도 큰 장점으로 작용했다. 자녀들은 부모님이 자연에서 많은 시간을 보낼 수 있으리라는 생각에 데이브의 호텔을 선호했고, 이는 대도시의 요양원과 경쟁할 수 있는 좋은 차별점이 되어주었다. 부모님을 방문하는 가족들이 쉽게 자연에 접근해 함께 야외에서 즐거운 시간을 보낼 수 있다는 것 또한 큰 장점이 되었다.

지금 데이브의 사업은 그 어느 때보다 번창하고 있다. 요양 호텔에 들어오려는 대기자가 넘쳐나고, 단기 체류에 대한 문의 또한 끊이지 않고 있다. 새로운 고객의 필요에 맞춰 사무실의 역할에 조금 변화를 주기는 했지만, 데이브는 기존의 시설을 활용해 새로운 고객층을 위한 사업을 성공적으로 구축할 수 있었다. 이는 데이브뿐 아니라 데이브의 고객을, 또 그 고객의 가족을 행복하게 만들었다. 이런 멋진 성공이 어디 있겠는가?

지금 당신도 예전의 데이브와 같은 상황에 빠져 있을지도 모른다. 막다른 길 끝에서 해결책을 찾지 못한 채 8의 절반에 대한 답은 오직 4뿐이라고 생각하고 있을지도 모른다. 하지만 길은 언제나 있다. 그 길을 찾기 위해서는 당신이 직면한 문제를, 그리고 그에 대한 해결책을 다른 관점에서 바라볼 수 있어야 한다. 답은 하나가 아니며, 당신에게 맞는 해결책은 타인과 다를 수 있다는 점을 명심하자. 불확실성과 공포가 닥칠수록 발상을 전환하고, 동료와 팀원들에게도 이를 독려해야 한다. 함께라면 데이브가 호텔을 변신시켰던 것처럼 멋지게 문제를 해결할 수 있다.

직장에서 창의성을 발휘하는 법

그러면 이제 직장에서 창의성을 발휘할 방법에 관해 논해보자. 창의성을 실천해본 지 너무 오래되었는가? 이제 어깨에 쌓인 먼지를 털고 연습을 시작해보자.

창의성 연습이라고 해서 지레 겁먹을 필요는 없다. 핵심은 하루 딱 5분을 창의성에 투자하는 것이다. 방법은? 평소와 다른 일을 하는 것이다.

새로운 일을 시도하는 것만으로도 일상에 창의성을 삽입할 방법을 찾을 수 있다. 해볼 수 있는 일은 많다. 새로운 관점을 느낄 수 있는 낯선 행사에 참석해보자. 당신과 전혀 다른 사람들이 모인 공동체에 가입해보자. 모르는 밴드가 연주한 음악을 들어보자. 출근 경로를 바꿔보자. 낯선 언어를 쓰는 새로운 도시로 여행을 떠나보자. 오늘 저녁에는 한 번도 먹어보지 않은 메뉴를 주문해보자. 새로운 시도는 새로운 자원을 인지하게 하며, 당신의 호기심을 일깨워 세상에는 언제나 배울 것이 있다는 사실을 기억하게 해준다. 창의적 근육을 활성화하는 데는 짧은 집중훈련보다 장기간에 걸친 일관된 노력이 더 효과적이다.

새로운 경험으로 배운 것을 기록하고 숙고하는 것 또한 중요하다. 발전을 평가함으로써 자신에게 도움이 되는 경험과 그렇지 않은 경험, 그리고 그 이유를 파악할 수 있기 때문이다. 기록과 숙고는 동기를 유지하고 큰 그림을 보는 데도 도움이 된다. 더 많이 탐험하고 시도할수록 자신에게 가장 잘 맞는 창의적 영역을 찾을 확률은 더욱 높아진다.

기업과 조직에서의 창의성도 빼놓을 수 없다. 어떤 기업이든 성공의 핵심은 사람이다. 조직을 이루는 사람이 중요하다는 의미다. 당신이 고용하고, 조직하고, 같이 일하는 사람들은 당신이 개발하고 판매하는 모든 것에 직접적으로 기여하며, 사업의 성장에도 큰 영향을 준다. 관리자로서 당신은 팀원들의 업무를 어떤 차별화된 방식으로 지지해주는가? 리더로서 당신은 조직의 구성원들이 주인의식을 갖고 새로운 아이디어를 활발하게 공유하도록 어떻게 장려하고 있는가? 신입 직원으로서 당신은 배운 것을 바탕으로 더 깊이 있는 질문을 던지기 위해 어떤 노력을 기울이고 있는가? 아무리 좋은 아이디어가 있어도 새로운 시도를 꺼리는 팀은 혁신과 성공을 이룰 수 없다.

앞서 말했듯 창의성을 계발하는 방법은 사람에 따라 다르다. 이는 직장에서도 마찬가지다. 직원들의 창의성 계발을 돕기 위해서는 다양한 환경과 소통 방식, 메시지를 고려해야 한다. 한 가지

방식이 모든 직원에게 울림을 주지는 못하기 때문이다.

잠재된 창의성을 최대한 이끌어내기 위해서는 직원들을 어떻게 독려해야 할까? 잠시 솔직하게 생각해보자. 혹시 지금까지 창의성에 대한 당신의 생각을 다른 직원들에게 강요하지는 않았는가? 당신에게 효과적이었던 방법이라고 해서 다른 사람에게도 꼭 통하리라는 법은 없다. 직원 개개인의 창의성을 진정으로 잘 키우기 위해서는 창의와 혁신을 논하고 평가하고 보상하는 방식을 세심하게 선택해야 한다.

다행인 것은 그 과정이 생각보다 어렵지도, 오래 걸리지도 않는다는 점이다.

우선 다음의 3단계를 통해 시작해보자.

1단계는 우선 팀원 각자의 취향과 선호를 묻고 그들을 좀 더 알아가는 것이다. 각자가 어떤 방식의 의사소통을 선호하는지, 무엇을 더 배우고 싶은지 등을 질문하는 것도 좋은 방법이다. 혹시 "잘 모르겠다"거나 "별로 상관없다"고 답하는 이가 있다면 생각할 시간을 준 후 좀 더 구체적인 답변을 이끌어내 보자.

2단계는 모든 팀원의 동의를 얻어 창의성에 관한 기본 원칙을 정하는 것이다. 원칙을 정하는 데 중요한 것은 모두의 의견을 반영하는 것이다. 모두에게 동등한 발언 기회를 줌으로써 누구에게도 불편하지 않은 원칙이 되도록 주의해야 한다. 필요하다면 '토킹 스틱talking stick'[5] 같은 물리적인 도구를 활용해도 좋다. 핵심은 모든 사람이 원칙의 상세한 내용에 동의하고 함께 지키기로 하는 것이다.

마지막 단계는 분명하고 일관된 피드백이다. 팀원들이 성공적인 결과를 냈을 때도, 기대에 미치지 못하는 결과를 냈을 때도 일관성을 유지해야 한다. 다시 말해, 팀에게 위험을 감수하고라도 과감하게 도전하라고 했을 때는 그 도전의 성패와 관계없이 도전 자체에 대해서는 명확하게 긍정적인 피드백을 줘야 한다는 것이다. 마찬가지로 팀원들이 좀 더 열린 태도로 일하기를 바란다면 그러한 행동을 일관되게 격려하고 칭찬해야 한다.

팀원들로 하여금 새로운 아이디어를 내고 그 아이디어를 실행에 옮기게 하려면 조직이 새로운 아이디어에 열려 있다는 메시지를 주어야 한다. 결과가 실패로 돌아가도 부당한 비난이나 추궁이 뒤따르지 않을 것이라는 확신을 주어야 한다. 그런 의미에서 창의성을 장려하기 위해서는 진정한 신뢰가 필요하며, 그 신뢰의 밑바탕에는 인내심과 열린 마음이 있어야 한다. 모두의 창의적 특

5) 북미 원주민들이 회의를 할 때 활용했던 지팡이로, 모두의 공평한 발언 기회를 보장하는 도구로 사용된다. – 역자 주

성을 한 번에 이해하는 것은 불가능하며, 모든 직원이 업무 방식을 하루아침에 바꾸는 것도 불가능하다. 시간이 걸리더라도 인내심을 가지고 지속적인 소통과 일관성 있는 행동을 통해 직원들의 마음을 열어가는 것이 중요하다.

내가 창의적일 수 있을까?

사실 많은 고객들이 "내가 과연 창의적일 수 있을까?"라는 질문을 던진다. 그러고는 자신이 창의성과 무관할 수밖에 없는 수많은 핑계를 댄다. 시간이 없다는 사람도 있고, 할 일이 너무 많다는 사람도 있다. 성과에 대한 압박이 너무 심해서, 창의적 자신감이 부족해서, 직장에서 새로운 아이디어를 잘 지지해주지 않아서… 핑계는 끝이 없다.

충분히 이해한다. 나 또한 오늘날 우리 사회의 직장인이 처해있는 막중한 업무 부담에 대해 잘 알고 있다. 기술은 매일 발전하는데 이상하게도 우리의 업무량은 감소하기는커녕 증가하기만 한다. 많은 직장인이 자꾸만 휴가를 줄여가며 점점 더 긴 시간 일하고 있다. 하지만 아무리 긴 시간을 일해도 수많은 직장인이 그저 퇴근 시간과 주말만 기다린다면, 과연 그게 정말 일하고 있는 것이라 볼 수 있을까?

우리는 지난 수십 년간 건강과 운동의 중요성에 관해 많은 것을 배웠다. 헬스장에 가서 유산소운동만 한다고 건강한 삶을 사는 것은 아니다. 건강한 삶을 위해서는 건강한 식사와 양질의 수면, 긍정적인 태도 또한 필요하다. 운동만 하고 식사는 부실하게 하거나 잠을 거의 자지 않는다면, 또는 마음에 두려움이 가득하다면, 태도가 부정적으로 변하는 것은 물론 건강 또한 만성적으로 악화될 것이다.

창의성 또한 건강과 마찬가지다. 자신이 얼마나 창의적일 수 있는지 알기 위해서는 우선 창의성이라는 것이 통합적이라는 것을 이해해야 한다. 그 과정을 돕기 위해 워크숍에서는 다양한 게임이나 상호 활동을 활용하기도 한다. 지금 이 책을 읽고 있는 독자들에게는 조용한 장소에 앉아 자신의 창의적 여정을 가만히 되돌아보고 최대한 솔직하게 적어보기를 권한다. 그 밖에 팀원들과 함께 팀으로서의 창의성을 강화할 방법에 대해 의견을 나눠보거나, 절친한 친구와 함께 서로의 창의성을 지지하고 각자의 창의적 차이를 존중할 방법을 찾아보는 것도 좋다. 마음을 솔직하게 들여다볼수록 무엇이 자신을 창의적으로 만드는지 더 잘 이해할 수 있을 것이다.

우선은 다음의 질문을 시작으로 자신의 마음을 들여다보자.

- 가장 최근에 창의성을 느낀 것은 언제인가? 무엇을 하고 있었는가?
- 그때 창의성이 느껴졌던 이유는 무엇인가?
- 만들거나 창조하기 좋아하는 것이 있는가? 왜 그것을 좋아하는가?
- 과거의 경험 가운데 창의성에 대한 내 생각에 영향을 준 것은 무엇인가?

● 핵심 정리

1. 인간은 누구나 창의적이다.
2. 창의적 강점을 파악하기 위해서는 어떤 인풋과 아웃풋, 표현이 나를 가장 창의적으로 만드는지 아는 것이 중요하다.
3. 생각하고 창의성을 발휘하는 방식은 사람마다 다르다.

당신이 만나는 사람, 당신이 관찰하는 것

Who You Associate with and What You Observe Matters

"영화는 엔터테인먼트의 영역에서 어린이들이 정상적인 성인에 대해 지니는
이상과 목적의 형성에 지대한 영향을 준다."

✦ **월트 디즈니**Walt Disney-사업가, 애니메이션 제작자 ✦

Rethink
Creativity

학부모는 자녀의 학교 선택에 매우 신중하다. 경험은 생각을 이루는 바탕이 되기 때문이다. 학교에서 어떤 선생님과 친구들을 만나느냐에 따라 아이가 듣고 믿고 배우는 것은 물론 그리는 미래의 모습까지 달라질 수 있다. 우리는 학교에서 얻은 경험을 바탕으로 생각과 관점을 형성한다. 이때의 경험은 우리가 우정이나 사랑을 정의하는 방식에까지 영향을 준다. 성공철학의 대가 짐 론Jim Rohn이 남긴 "우리는 우리가 가장 많은 시간을 함께 보내는 다섯 사람의 평균이다"는 명언도 이와 같은 맥락이다. 당신 곁의 사람들은 실로 당신의 세계관에 지대한 영향을 미친다.

이 말이 진실임을 안다면 직장에서 마음을 열고 스스로를 다양한 경험과 생각에 노출시키는 것이 얼마나 중요한지 자연스럽게 이해할 수 있을 것이다.

창의성은 다르게 생각하는 행위다. 종종 잊곤 하지만, 무엇을 '다른 생각'이라고 여기는지는 사람에 따라 다르다.

예를 들어 한 번도 가난을 경험해보지 못한 이에게 집 없이 거리에서 살아남을 방법을 생각해보라고 한다면 빈곤을 직접 경험해본 이들에 비해 창의적인 방법을 잘 내놓지 못할 것이다. 고향을 한 번도 떠나본 적이 없는 이에게 빠듯한 예산으로 세계를 여행할 방법을 생각해보라고 한다면, 그들의 대답은 여권에 출입국 도장이 빽빽하게 찍힌 베테랑 여행자와는 다를 수밖에 없을 것이다. 우리는 살면서 쌓아온 경험과 관계에 따라 어떤 것은 익숙하게 느끼고 어떤 것은 생소하게 느낀다. 그러므로 어떤 것을 창의적이라고 느끼는지도 달라질 수밖에 없다.

더 많은 경험을 쌓고 인식의 폭을 넓힐수록 흩어진 점들을 창의적이고 기발할 방식으로 연결할 가능성은 높아진다. 다양한 친구를 곁에 두면 더 깊은 사고력을 형성해 다양하고 복잡한 생각과 주장을 더 잘 이해할 수 있다. 그뿐 아니라 주변에 비슷한 유형의 친구만 있는 사람에 비해 문제를 더 창의적으로 이해하고 해결할 수 있다. 비슷한 사람들끼리만 소통하는 집단의 경우 아무래도 인지적 지평이 상대적으로 좁을 수밖에 없기 때문이다.

그러한 연유로 창의성을 강화하기 위해 중요한 또 다른 실천과 제는 관계의 다양화다. 가장 많은 시간을 보내는 다섯 명의 성격이 모두 서로 비슷하다면, 당신은 한 가지 형태의 사고에 대해서만 익숙하게 느낄 가능성이 높다. 생각이 모두 제각각인 친구 다섯 명과 가깝게 교류하는 사람과 비교한다면 어느 쪽이 더 열린 태도를 가질 수 있을까? 아마 후자일 것이다. 그뿐만 아니라 창의성과 에너지를 뿜어내는 다양한 친구들과의 교류는 당신에게도 창의적 활기를 불어넣어 줄 것이다.

바로 이것이 창의성 강화에 호기심과 열린 마음이 중요한 이유다. 모든 것은 호기심을 지니고 바라볼 때 더 잘 배우고 이해할 수 있다. 만약 특정한 분야나 경험이 두려움이나 불편함을 불러일으킨다면 분명 어떤 이유가 있을 테니 잠시 멈추고 내면을 들여다보자. 어떤 가치를 이해하기 위해 꼭 모든 것을 다 직접 경험해야 하는 것은 아니다. 열린 태도만 유지한다면 간접적인 경로를 통해서도 많은 것을 배울 수 있다.

너무 다른 사람과 일하면 힘들지 않을까?

아마 이쯤에서 이런 의문을 품는 사람도 있을 것이다. 일터에서 의견이 너무 다양하면 의사 결정 과정이 지연되는 것은 아닐까? 갈등이나 교착상태가 발생하지는 않을까? 자신과 비슷한, 그래서 서로 더 쉽게 이해할 수 있는 사람들과 편안하게 일하는 게 과연 그렇게 큰 문제일까? 사실 따지고 보면 직장에서 끼리끼리 모이는 것은 흔한 일이 아니던가?

상식적으로 생각할 때 서로 비슷한 사람들은 생각도 비슷하기 마련이라 집단사고의 함정에 빠지기 쉽다. 상식이 아닌 과학은 어떤 말을 할까? 어려움을 극복하고라도 다양한 사람들이 함께 어울려 일하는 편이 더 효과적이라는 것을 과학적으로도 증명할 수 있을까?

하버드대 경제학 교수인 리처드 프리먼Richard Freeman이 던진 다음의 질문도 바로 그 지점을 더 잘 이해하기 위한 것이었다. "자신과 비슷한 연구자들과 협업하는 것을 선호하는 과학자와 넓은 네트워크에서 다양한 연구자들과 협업하는 것을 선호하는 과학자 중 누가 더 나은 성과를 낼까?" 2011년 프리먼 교수는 미국에서 일하는 과학자들의 연구 성과를 분석해 흥미로운 패턴을 도출해냈다.[6] 많은 연구자들이 비슷한 사람과 끼리끼리(즉 중국인은 중국인끼리, 유럽 출신은 유럽 출신끼리) 어울리는 것을 선호했으나, 연구 성과 측면에서 보았을 때는 참가 연구자의 다양성이 높은 논문일수록 더 창의적인 결과로 높은 평가를 받았다는 사실이었다.

다양한 참여는 새로운 연결을 촉발했고, 그 결과 연구의 성과는 더 넓은 연구 공동체와 업계에 공유될 수 있었다. 인간 행동 전문가이자 미국 공영라디오 NPR의 과학 팟캐스트 〈히든 브레인 Hidden Brain〉 진행자이기도 한 샹커 베단텀Shankar Vedantam은 방송에서 프리먼 교수의 연구를 소개하며 이렇게 정리했다. "그러니까 다시 말해서 집단의 성격이 어떻든 간에 너무 같은 성향의 사람들만 모인 집단에 둘러싸여 있으면 불리하다는 거죠."[7]

다양성은 창의성을 촉발한다. 더 많은 관점은 더 많은 가능성을 의미하기 때문이다. 컬럼비아대 경영대학원의 애덤 갤린스키 Adam Galinsky 교수는 서로 다른 문화권에 속한 두 사람이 만나는 이른바 '국제 연애' 커플이 더 창의적인 경향을 보이고 기본적인 창의성 테스트에서 더 높은 점수를 기록하는 것도 이러한 이유 때

---

6) https://www.npr.org/2018/07/02/625426015/the-edge-effect
7) https://www.npr.org/2018/07/02/625426015/the-edge-effect

문이라고 주장했다. 2017년 갤린스키 교수의 연구팀은 국제 연애 중인 MBA 학생이 그렇지 않은 학생에 비해 마케팅을 위한 제품명을 선정하는 테스트에서 더 기발하고 창의적인 결과를 냈다고 밝혔다. 또한 이 연구에서는 미국 유학 중 다양한 국적의 친구들과 더 자주 교류하고 가깝게 지낸 학생일수록 본국으로 돌아가 창업가가 될 확률이 더 높다는 사실이 밝혀지기도 했다.[8] 이는 유대계 미국인으로서 필리핀계 미국인 아내와 결혼한 갤린스키 자신의 개인적인 경험이기도 했다. 갤린스키 교수 부부는 서로의 문화를 포용하는 것이 일과 가족, 삶 전반의 가능성을 넓히는 데 큰 영향을 주었다고 말했다.

세계적인 첼리스트 요요마Yo-Yo Ma는 자신의 분야인 예술에서 다양성을 활용한 도전을 실천했다. 40여 년간 다양한 장르의 음악을 연주한 요요마는 많은 음악가들이 한 가지 장르나 작품에만 지나치게 매진하는 것을 안타깝게 여겼다. 요요마는 이런 질문을 던졌다. 생각지도 못한 악기들이 서로 어울려 음악을 만들어낸다면 과연 어떤 소리가 날까? 갈리시아 지방의 백파이프인 가이타

8) https://www8.gsb.columbia.edu/newsroom/newsn/5301/new-research-shows-that-close-intercultural-relationships-can-enhance-individual-creativity-and-innovation-potential

와 이란의 현악기 카만체가 어우러져 클래식과 재즈 음악을 연주한다면 어떨까? 그 결과 1998년 다양한 문화권에 속한 예술가들의 교류와 협업을 장려하기 위해 '실크로드 앙상블Silk Road Ensemble'이 탄생했다.[9)]

실크로드 앙상블은 현재 59명의 음악가가 참여하는 느슨한 형태의 연주자 모임으로서 전 세계를 누비며 많은 이들에게 다양한 음악을 들려주고 있다. 가이타 연주자인 크리스티나 파토Cristina Pato의 이야기는 우리에게 많은 영감을 준다. 크리스티나는 원래 전통 가이타 음악을 하는 연주자였다. 그녀는 실크로드 앙상블에 참여하고 새로운 실험을 시작하면서 더 아름다운 음악을 만들어 낼 수 있었다고 말한다. 실크로드 앙상블의 시도는 기존 음악가에게는 새로운 영감을 준다. 그뿐 아니라 음악을 공부하는 학생들에게는 꼭 클래식 악기가 아니어도, 베토벤의 9번 교향곡이 아니어도 음악적 성취를 이루는 것이 얼마든지 가능하다는 메시지를 준다.

세계 곳곳의 병원들도 공항 등 의외의 장소에서 영감을 받은 설계를 활용해 변화를 추구하고 있다. 미국 인디애나주에 위치한

---

9) https://www.wired.com/2016/06/music-of-strangers-documentary/

비컨아동병원Beacon Children's Hospital은 야외 느낌의 신선하고 쾌적한 공간을 추구했다. 높은 천장과 넓은 창문, 자연의 이미지와 질감이 가득한 녹색 벽과 다양한 색깔을 활용한 공간은 어린 환자들과 그 보호자들에게 한결 따뜻하고 안락한 인상을 준다.[10]

네덜란드의 로테르담 안과 병원 또한 새로운 발상으로 환자들에게 더 가까이 다가갔다. 원래 어린이 환자에게도 일반 환자복을 주었던 이 병원은 어린이들에게 다양한 동물 그림이 그려진 환자복을 제공하기로 했다. 아동병동의 의사와 간호사들은 아이들이 친밀감과 유대감을 느낄 수 있도록 자신이 담당하는 아이의 환자복에 그려진 동물 모양의 배지를 착용한다. 환자가 담당 의료진에게 친밀감을 느낄수록 회복 과정이 순조롭다는 점은 잘 알려진 사실이다.[11]

10) https://spellboundar.com/blog/2018/1/10/5-amazing-hospitals-using-experiential-design
11) https://spellboundar.com/blog/2018/1/10/5-amazing-hospitals-using-experiential-design

변화가 빠른 세상, 다양성은 더욱 중요해진다

앞의 사례들이 우리에게 어떤 의미가 될 수 있을까? 우리가 타인과 맺는 관계는 중요하다. 세계 곳곳을 누비는 음악가가 아니더라도, 어린 환자를 치료하는 의사가 아니더라도, 타인과 맺는 관계는 중요하다. 가상 세계에서든 현실 세계에서든 다양한 네트워크, 경험, 사람과 맺는 모든 관계는 우리의 호기심과 창의적인 사고 능력에 영향을 준다.

현재 미국에서 성공적인 사업을 이끌고 있는 많은 이들이 이민자 출신이거나 여러 전문 분야를 지닌 것도 바로 그러한 연유다. 일론 머스크Elon Musk는 남아프리카 공화국 출신으로 캐나다로 이주했으며, 펜실베이니아 대학교 재학 중에 다시 미국으로 이주했다. 테슬라Tesla와 스페이스엑스SpaceX의 창업자인 그는 현재 그 밖에도 수많은 혁신적인 비즈니스를 이끌고 있다. 왓츠앱WhatsApp의 공동 창업자인 얀 쿰Jan Koum은 우크라이나 키예프 근교의 작은 시골 마을에서 자랐다. 〈허핑턴포스트Huffington Post〉와 스라이브 글로벌Thrive Global을 설립한 아리아나 허핑턴Arianna Huffington은 그리스 아테네 태생으로 런던 유학을 거쳐 뉴욕으로 이주한 경우다. 페이팔PayPal의 공동 설립자 피터 틸Peter Thiel은 프랑크푸르트에서 태어나 한 살 때 오하이오주 클리블랜드로 이주했다. 그는 현재의 거주지인 샌프란시스코에 정착하기 전 남아프리카와 나미비아에서도 생활했다. 그 밖에도 이런 인물들을 나열하자면 끝이 없다. 앞서 소개한 인물들은 모두 두 개 이상의 공동체, 국가, 문화권에서 자라거나 다양한 업계에서 활동하며 호기심과 열린 태도, 창의성을 키운 인물들이다. 그들은 그 결과 강력하고 혁신적인 기업을 만들 수 있었다.

창업에는 관심이 없다며 지금쯤 시큰둥한 반응을 보이는 독자도 있을 수 있다. 그러나 이들의 사례에는 또 다른 중요한 메시지가 있다. 바로 다양한 경험을 지지하고 장려해야 한다는 메시지다.

오늘날 직장 문화는 빠르게 변화하고 있다. 모두가 똑같은 시각으로 똑같은 생각만 하는 직장에서 일하고 싶은가? 다양한 아이디어와 경험을 배척하고 새로운 가능성을 탐험하지 않는 팀이 과연 얼마나 창의적일 수 있을까? 팀에게 다양한 환경과 학습 기회를 주지 않는다면 창의성은 결코 강화될 수 없다. 당신이 자신만의 기업을 꿈꾸는 창업가든, 현재 속한 조직에서 혁신을 꿈꾸는 사내 창업가intrapreneur든, 다양성을 통해 주변 사람들에게 자극을 주고 그들로 하여금 더 넓은 시각을 가지게 해야 한다. 편하게 있으려 해서는 안 된다. 편한 곳에만 머물러서는 새로운 곳에 갈 수 없다는 것을 잊지 말자.

무대 위의 당신은 중요하다

여러 행사를 다녀봐도 무대에 오르는 연사들 중 나처럼 아시아계 미국인이면서 밀레니얼 세대에 속하고 여성이기까지 한 사람은 사실 거의 보기 어렵다. 그래서인지 연설이 끝나면 아시아계 미국인 여성 참가자들이 다가와 자신들과 비슷한 사람이 이렇게나 영감 넘치고 깊은 울림을 주는 연설을 하는 모습을 처음 보았다며 고맙다는 말을 하곤 한다.

다양성과 포용이 점점 큰 화두가 되고 있지만, 여전히 대부분의 콘퍼런스 연사는 백인 남성이다. 성별이나 연령, 인종 면에서 다양성을 전혀 충족하지 못하는 행사들도 꽤 있다. 여성 연사가 있는 경우에도 경험에 걸맞은 중요한 역할을 맡기보다는 모더레이터나 진행자, 또는 토론자 중 한 명으로 참가하기 일쑤다. 그런가 하면 여성과 유색인종은 전문 영역과는 상관없이 업계의 지식을 나누는 역할보다는 다양성 세션을 담당하는 경우도 많다. 그중에서도 최악은 여성이나 유색인종 참가자를 일종의 '상징'처럼 끼워 넣는 경우다. 2017년 샌프란시스코에서 개최된 스타트업 경연대회에서는 유력한 여성 벤처캐피털리스트를 심사위원이나 전문 자문관이 아닌 진행자로 섭외하는 어이없는 일도 있었다.

이런 것들이 직장에서의 창의성과 무슨 상관일까? 모든 면에서 상관이 있다.

회의실, 카페, 콘퍼런스 연단, 네트워킹 행사, 스탠딩 극장에 이르기까지, 우리가 말하는 모든 곳은 사실 무대다. 그런데 무대 위에서 늘 똑같이 생긴 사람이 똑같은 목소리로 똑같은 아이디어만 말한다면 어떻게 될까? 무대 위 사람과 다르게 생긴 사람의 목소리는 점점 위축되고 새로운 시도 또한 점점 어려워질 것이다. 우리가 내는 모든 목소리는 자신뿐 아니라 주변 사람에게도 강한 메시지가 된다. 이 메시지들이 모여 무엇이 바람직한지, 무엇이 정상인지, 무엇이 비정상인지 결정되는 일터에서 우리의 목소리는 더욱 중요하다.

같은 맥락에서 무대 위의 대표성 역시 중요하다. 무대의 커튼이 내려간 후에도 영향력이 지속되기 때문이다. 아니, 사실 진짜 영향력은 그때부터 시작된다. 회의 시간에 혹시 늘 비슷한 목소리나 의견에만 귀 기울이는가? 그렇다면 당신은 당신도 모르는 사이에 다른 목소리나 의견이 끼어들기 힘든 환경을 조성하고 있는 것이다. 사무실이라는 '무대'가 하나의 목소리와 관점으로 채워지면 새롭고 혁신적인 해결책은 그만큼 멀리 달아난다. 이미 수많은 연구가 팀 구성원의 지식과 경험, 연령대가 다양할수록 복잡한 문제를 더 쉽고 효과적으로 해결하는 경향이 있다는 점을 일관되게 보여주고 있다.

함께 노력한다면 우리는 다양한 목소리와 대표성 강화를 위한 지속적인 변화를 만들 수 있다. 창의성은 하나가 아닌 여러 모습을 하고 있다는 사실을 늘 기억하자.

직장에서 혁신적인 관계를 창조하는 법

그럼 이제 조직 또는 팀 내에서 자신의 모습과 행동을 솔직하게 되돌아보자. 혹시 직장에서 가장 많은 시간을 함께 보내는 다섯 명의 성격이나 배경, 인종이 모두 유사하지는 않은가? 실제로 다양성이 부족한 것 같다면 그 이유는 무엇이라고 생각하는가? 팀에서 회의할 때 편하게 논의를 주고받는 상대가 정해져 있는가? 왜 그들과의 논의가 더 편한가?

처음에는 이런 질문을 던지는 게 불편하게 느껴질 것이다. 그동안 어울리는 사람이나 선호하는 경험에서 한쪽으로 치우치는 경향을 보였다는 점을 자각하고 있다면 이런 질문이 특히 더 불편할 수 있다. 그러나 그것을 인정하고 자신의 편향을 자각하는 것이야말로 열린 태도를 지니기 위한 첫걸음이다. 자신의 행동을 돌아보기 위한 질문에 답을 완료했다면 호기심을 가지고 답변을 찬찬히 들여다보라. 어떤 부분에서 편향되거나 치우친 패턴을 보이는가? 새로운 경험을 시도하거나 새로운 사람들에게 접근해볼 생각을 하지 않았다면, 그 이유는 무엇이라고 생각하는가?

팀장으로서 팀원들이 좀 더 편안하게 마음을 열고 의견을 말할 수 있게 하기 위해서는 더 많은 자원과 배움의 기회를 보장해야 한다. 열린 분위기의 조성은 왜곡 없는 의사 결정 과정을 위해서도 꼭 필요하다. 이를 위해서는 당신의 사고 과정을 있는 그대로 들여다보고 변화에 시간을 투자해야 한다. 리더로서 의사 결정을 내릴 때 주로 의지하는 다섯 사람을 면밀히 살펴보자. 당신은 왜 다른 사람들이 아닌 그들의 의견에 의지하는가? 당신은 어떤 경험이나 정보를 주로 무시하는가? 그 이유는 무엇인가? 매일 일정 시간을 정해두고 짬을 내서 스스로에게 이러한 질문을 던져보자. 열린 태도의 중요성을 아무리 강조하더라도 리더가 먼저 실천하지 않는다면 조직원들의 마음을 여는 것은 불가능하다.

조직의 리더들이 이런 문제로 어려움을 토로할 때면 나는 그들에게 회의를 시작하거나 진행할 때 한 가지만 시도해보라고 권한다. 직원들의 의견과 관점을 인정하고 존중하는 말로 회의를 시작하고 진행하라는 것이다. "○○씨, 지난번 그 부분을 언급해줘서 고마워요. 좋은 의견 덕분에 회의 진행 방식을 바꾸고 ○○한 결과를 얻을 수 있었습니다." "○○씨, 이 부분에 대한 의견 고맙습니다. 자원이 부족해 지금 당장 실행하기는 어렵겠지만, 당신의 제안 덕에 ○○할 수 있는 영감을 얻어 ○○에 도움이 되었습니다." 이런 말을 하는 것으로도 충분히 훌륭한 시작이 된다.

공개된 자리에서 팀원들을 인정하고 알아가려는 노력을 보이면 아직 의견을 말하지 못한 이들도 점점 목소리를 낼 수 있게 된다. 이러한 환경에서 팀원들은 자신이 존중받고 있다는 기분을 느낄 수 있다. 질문할 때는 선택지가 있는 질문보다는 의견을 자유롭게 개진할 수 있는 개방형 질문을 활용하는 것이 좋다. 팀원들은 각자가 내놓는 답을 바탕으로 서로를 더 잘 알아갈 수 있고, 이는 분명 회의를 가치 있는 시간으로 만들어줄 것이다.

기업 내에 이미 다양한 인재가 존재하지만 그러한 인재들이 서로 섞이지 않고 끼리끼리 교류하는 양상을 보인다면 서로 다른 인재가 섞일 수 있는 의도적인 협업을 시도해보는 것도 좋다. 조직에는 구성원들이 서로를 진정으로 알아가고 지지할 수 있는 방안이 마련되어 있어야 한다. 혹시라도 현재 일하는 조직에 그런 방안이 부족하다고 생각한다면, 개개인이 다양한 사람과 관점에 노출될 수 있게 할 방법을 찾는 것이 중요하다. 직원들의 교류가 당장의 업무 성과에 큰 영향을 주지는 않겠지만, 다양한 업무를 하는 직원들 간에 교류가 활발해질수록 더 많은 이들이 조직에 존재하는 서로 다른 업무 흐름과 관점을 알게 되면서 더 큰 그림을 바라볼 수 있게 될 것이다.

애초에 조직 내 인재들의 다양성이 부족하거나 다양한 인재들이 자꾸만 조직을 떠나서 고민이라면, 내부의 인재 관련 소통·관리·유지뿐 아니라 모집과 채용 단계의 전략도 다시 살펴볼 필요가 있다. 인재를 어디에서 찾을 것인가도 중요한 문제지만, 이 경우 사실 더 중요한 것은 '어디에서 새로운 직원을 더 고용하지 않을 것인가?'다. 매번 채용되는 인재가 천편일률적인 모습을 하고 있다면, 채용설명회에 주로 어떤 직원들이 나가고 있는지, 그들이 설명회에서 회사와 직무에 대해 어떤 방식으로 설명하고 있는지 파악해볼 필요가 있다.

변화를 원한다면 자신의 행동과 비非행동이 조직의 의사 결정과 관리 방식에 어떤 왜곡을 발생시킬 수 있는지 고민하고, 필요하다는 판단이 설 때면 현재의 방식을 과감히 바꿀 수 있어야한다.

창의성을 위한 투자

사무실에서 함께 지내며 교류하는 사람들은 우리 삶에 큰 영향을 준다. 일터는 우리가 많은 시간을 보내는 곳이기 때문이다. 이는 우리가 일터에서 처신할 때 늘 명심해야 할 사항이다. 우리가 직장에서 다른 이들과 소통하고, 그들의 이야기를 듣고, 함께 일할 때 보이는 태도는 직장 동료들의 경험뿐 아니라 우리 자신의 경험에도 영향을 준다. 또한 직장의 분위기와 환경은 우리가 직장에서 제시할 수 있는 의견과 감수할 수 있는 위험의 한계에도 영향을 준다.

업무 이메일을 받았을 때 유독 달갑지 않은 동료 한두 명쯤은 모두 있을 것이다. 그 동료의 이름을 릭이라고 해보자. 릭은 당신이 불편해하는 동료다. 특별히 나쁜 사람은 아닌데 늘 어딘가 남을 깎아내리고 맥 빠지게 한다. 예를 들면 이렇다. 릭은 당신과 이야기할 때는 분명 당신의 의견을 지지한다고 했는데 회의에만 들어가면 갑자기 당신의 의견을 무시하고 자기 생각만 내세운다. 말로는 당신의 업무를 칭찬하면서 정작 업무 지원이 필요할 때는 핑계를 대며 빠져나간다. 릭 같은 유형의 사람은 동료들에게 혼란을 준다. 일관성이 없는 터라 오늘 지지했던 일을 내일도 지지할지, 아니면 갑자기 반대할지 도저히 가늠할 수 없기 때문이다. 기분에 따라 이랬다저랬다 하는 릭은 동료들을 힘들게 한다.

직장에는 릭 같은 사람이 꽤 많다. 내가 일했던 직장에도 릭이 있었고, 내가 만나본 많은 고객사에도 릭이 있었다. 우리는 릭 같은 직원이 초래하는 부정적인 파급 효과를 간과하는 경향이 있다. 릭은 자기 업무를 처리하는 데는 뛰어난 직원일 수도 있다. 그러나 릭이 계속해서 다른 동료들을 방해하고 업무 의욕을 꺾어놓는다면 결국 그 조직의 환경에 크나큰 악영향을 줄 수 있다.

내가 아는 미국의 한 기술 스타트업 중에도 '릭 문제'를 제대로 처리하지 못해 큰 낭패를 겪은 곳이 있다. 그 회사의 릭은 서류상으로는 나무랄 데 없이 훌륭한 인재였다. 아이비리그 대학 출신에 업무 성과도 뛰어났고, 일 처리도 빠릿빠릿한 데다 다양한 경험으로 믿음직스럽기까지 했다. 릭은 맡은 일을 언제나 훌륭하게 처리했다. 스타트업 업계에서 릭 정도의 엔지니어를 찾는 것은 정말 어려운 일이었다. 그러나 릭과 함께 일하는 동료들의 경험은 최악이었다. 릭은 회의 때마다 동료들의 업무를 업신여기며 그들의 의견을 무시하기 일쑤였다. 릭은 다른 동료들에게 위임했던 업무를 제멋대로 다시 가져왔고, 나중에 일이 잘못되면 상대를 탓했다. 그뿐 아니었다. 릭은 성차별적인 발언을 일삼고 남성 중심 문화를 대놓고 조성하며 여성 동료들을 불편하게 했다. 당시 그 회사에는 아시아계 남성 엔지니어인 내 친구가 근무하고 있었다. 그 친구는 처음에는 릭이 괜찮아 보였지만, 갈수록 은근히 기분이 나쁘더라고 말했다. 내 친구는 가끔 릭이 자신을 깔보는 것 같다고 느꼈는데, 자신이 아시아 출신이라서 그런지 릭보다 키가 작아서 그런지는 의문이라고 했다.

안전하고 창의적인 장소여야 할 직장에서 불필요하고 비생산적인 갈등을 겪게 된 직원들은 결국 창업자에게 문제를 제기했다. 창업자는 어떻게 대응했을까? 안타깝게도 아무 조치도 취하지 않았다. 말로는 대책을 강구해보겠다고 했지만, 행동으로 연결하지 않은 것이다. 결과는 처참했다. 당시 그 기업은 혁신적인 상품으로 많은 추종자를 거느리고 있었다. 그러나 릭이 조직 문화에 준 부정적인 영향은 너무나도 빠르게 번졌다. 많은 직원이 그 스타트업을 떠났다. 그 회사의 일과 비전을 사랑했던 내 친구도 마찬가지였다. 퇴사한 직원들은 자신들의 경험을 공유했고, 그 이야기가 퍼지며 그 기업의 상품 또한 인기를 잃었다. 지금 그 회사는 존재하지 않는다. 릭이 마지막까지 회사에 남았는지 여부는 알 수 없지만, 회사가 나머지 직원이나 조직의 이익을 지키지 못했다는 점만큼은 확실하다. 아무런 조치를 취하지 않음으로써 릭에게 변화할 기회를 주지 않은 것은 사업적으로도 창의적으로도 잘못된 선택이었다.

회사에서 일하는 대부분의 일반 직원들은 릭 같은 사람을 채용하거나 해고할 위치에 있지 않을 것이다. 심지어 릭 같은 사람이 상사일 수도 있다. 그런 경우에는 어떻게 해야 할까? 새 직장을 찾아보기라도 해야 할까? 직장 환경이 우리의 호기심과 창의성, 감정에까지 지대한 영향을 준다는 점은 이미 알고 있을 것이다. 직장을 옮길 것이 아니라면 자신의 창의적 영역을 보호하기 위해 분명한 선을 긋고 조직 내에서 릭 외에 멘토가 되어줄 만한 사람을 찾아야 한다.

릭 같은 사람이 주는 부정적인 압박으로 직장 생활이 너무 힘들다며 대화 중에 눈물을 보인 고객이 한 명 있었다. 편의상 그 고객을 세라라는 이름으로 부르겠다. 세라가 겪고 있는 문제는 정말 심각했다. 세라의 경우 릭이 동료가 아닌 직속 상사였기 때문이다. 세라는 정말 훌륭한 직원이었다. 사려 깊은 성격과 뛰어난 업무 능력으로 동료들의 신임과 사랑을 한 몸에 받았고, 혁신적인 문제 해결 능력으로 업계에도 소문이 자자한 인재였다. 그런 세라였지만 사무실에서는 늘 의기소침했다. 아무리 창의적인 시도를 해도 그녀의 직속 상사는 그 노력을 지지해주지 않았고, 아이디어 또한 묵살하기 일쑤였기 때문이다. 세라는 자신의 일과 회사를 무척 사랑했지만, 너무 힘들어서 퇴사까지 고민하고 있었다. 회사를 떠나자니 동료들을 버리고 가는 것 같아 죄책감이 들었지만, 사무실의 부정적인 분위기가 개인적인 삶에까지 영향을 주기 시작하자 어쩔 수가 없었다. 사실 근무 시간이 길고 출장이 잦은 일이라서 개인적인 삶이라고 할 만한 것도 별로 없었지만, 그 부족한 개인 생활 속에서도 짜증이 늘고 인내심은 줄고 있었다.

직장에서 늘 창의적인 해결책을 내놓곤 했던 세라는 어느 순간부터가 수동적이고 안전한 제안만 하기 시작했다. 직속 상사뿐 아니라 모두에게 공격받는 것 같은 기분이 들었기 때문이다. 창의성을 잃고 답이 없는 상황에 갇힌 것 같았다. 세라에게는 치유를 위한 시간과 도구가 필요했다.

주변을 바꾸려면 나를 먼저 바꾸자

많은 이들이 세라와 비슷한 고통을 겪고 있다. 요즘은 퇴근한다고 일이 끝나는 게 아니다. 기술과 소셜미디어, 이메일은 우리를 24시간 내내 일과 연결되어 있게 만든다. 2017년 〈허핑턴포스트〉와 영국의 수면용품 전문 기업 드림스Dreams가 진행한 조사 결과에 따르면 일생에서 우리가 일로 보내는 시간은 13년가량이라고 한다.[12] 한 사람이 평생 50년 정도 직장 생활을 한다고 보았을 때 약 24퍼센트에 해당하는 시간이다. 텔레비전이나 컴퓨터, 스마트폰 등 화면을 들여다보며 보내는 시간은 11년이다. 놀랍도록 길지 않은가? 그에 비해 운동으로 보내는 시간은 다 해봤자 1.3년, 음식을 먹으며 보내는 시간은 4.5년가량이었다. 이 통계가 보여주듯, 업계를 막론하고 우리는 긴 시간 일하고 있다. 사정이 이러니 직장인의 87퍼센트가 창의성 표출 기회 부족과 답답함을 느끼는 것도 무리가 아니다.

당신도 비슷한 경험을 하고 있지 않은가?

안타깝게도 세상에는 우리가 당장 바꿀 수 없는 것들이 많다.

---

12) https://www.huffingtonpost.com.au/2017/10/18/weve-broken-down-your-entire-life-into-years-spent-doing-tasks_a_23248153/

우리는 과거도, 날씨도, 교통상황도 바꿀 수 없으며, 주위 사람을 한 번에 바꾸는 것 또한 불가능하다. 우리가 지금 스스로 바꿀 수 있는 것은 우리 자신의 관점뿐이다. 지금 일하는 직장의 환경이 아무리 가혹하고 힘들어도, 주변에 작은 변화를 줄 여지는 여전히 있다.

지금 당신에게는 고민을 털어놓고 배움을 청할 수 있는 멘토가 있는가? 아직 없다면 당장 찾아 나서라. 당신의 직속 상사가 이유도 없이 당신을 지지하지 않는가? 그렇다면 자신의 직업적 능력을 지속적으로 계발하면서 팀 외부에서 멘토를 찾아라. 친구들이 자꾸만 당신의 의욕을 꺾고 새로운 아이디어를 묵살하는가? 그렇다면 다른 친구들을 찾아보는 것도 답이 될 수 있다. 더 나은 자신이 될 방법을 찾아보자. 핵심은 변화를 향해 내딛는 모든 발걸음에서 당신이 주도적인 역할을 해야 한다는 것이다.

그래서 세라는 어떻게 되었을까? 세라는 스스로 변화를 주도함으로써 업무 효율과 생산성은 물론 만족감까지 되찾을 수 있었다. 릭 같은 상사 밑에서 일하면서도 결국 그 모든 것을 해낸 것이다. 세라는 새로운 업무가 올 때까지 수동적으로 기다리지 않고 손을 들어 자원했다. 그녀는 자기 사무실을 넘어 다양한 부서의 사람들과 교류하며 새로운 동료들을 만났다. 회사 업무 외에도 사회에 기여할 수 있는 봉사활동에 적극 참여하며 자신만의 사려 깊은 스타일을 맘껏 발휘하는 리더가 되었다. 세라는 책을 읽고 조언을 구하는 등 개선을 위한 노력을 멈추지 않았고, 결국 회사 내에서 자신의 능력을 인정받을 수 있는 새로운 자리로 이동할 수 있었다. 세라는 원래도 업무 능력이 뛰어났지만, 창의성이 제대로 발휘되고 나니 그 능력은 배가 되었다. 이제 세라는 창의성을 지지해주는 일과 팀 문화, 비전 안에서 일관성을 느끼며 만족스럽게 일하고 있다. 그리고 그녀의 일은 매일 더 큰 영향력을 만들어 내고 있다.

당신도 세라와 같은 어려움을 겪고 있을 수도 있다. 당신의 직장에도 릭 같은 사람이 있을 수 있다. 어쩌면 당신이 릭일지도 모른다.

하지만 창의적 변화는 가능하다.

스스로에게 다음과 같은 질문을 던져보자.

- 직장에서 내가 가장 많은 시간을 함께 보내는 다섯 명은 누구인가? 그들은 서로 비슷한가? 다르다면 어떻게 다른가?
- 최근 직장에서 호기심을 느낀 순간이 있었는가? 있었다면 언제인가?

- 리더로서 한 관점에만 매몰되지 않고 다양한 관점을 수용하기 위해서는 어떻게 해야 할까?
- 리더로서 팀원들이 문제 해결 시 새로운 자원과 정보를 적극 활용하게 하려면 어떻게 해야 할까?
- 조직에 다양한 관점을 가져올 수 있는 인재를 영입하기 위해서는 어떻게 해야 할까?
- 조직의 구성원이 열린 태도를 유지하도록 장려하기 위해서는 어떻게 해야 할까?

각각의 질문에 솔직하게 답하며 특정한 패턴이 있는지 생각해 보자. 혹시 의외의 답이 있었는가? 있었다면 그 답이 의외였던 이유는 무엇인가? 없었다면 그 이유는 무엇인가? 창의적인 생각과 열린 태도를 유지하기 위해서는 늘 자신에 대해 잘 파악하는 것이 중요하다는 점을 명심하자.

● 핵심정리

1. 경험과 관계는 '정상'과 '이상'에 대한 당신의 정의에 영향을 준다.

2. 창의성을 강화하기 위해 열린 태도와 호기심을 의식적으로 유지하며 더 넓은 경험과 연결에 스스로를 노출시켜보자.

3. 다양한 배경을 지닌 이들로 팀을 구성해보자. 혹시 팀 내에 '릭' 같은 인물이 있다면, 발언권이 릭에게만 몰리지 않도록 주의하자.

4. 자신의 전문 분야를 벗어난 새로운 분야에서 뭔가를 배워보자.

5. 더 많은 질문을 하자. 답을 들을 때는 열린 마음을 유지하고 다양한 생각과 의견을 모두 경청하자.

6. 내키지 않는다면 모든 것을 시도하고 경험할 필요는 없다. 그러나 두려움이 새로운 시도와 경험을 가로막지는 않도록 하자.

최고는 하루아침에 만들어지지 않는다

The Best Things Don't Happen Overnight

"하루아침의 성공을 이루는 데는 사실 20년이 걸린다."

✦ 에디 캔터 Eddie Cantor −코미디언, 배우, 작곡가 ✦

Rethink
Creativity

최고는 하루아침에 만들어지지 않는다는 말은 다들 들어보았을 것이다. 모두가 알고 있는 말이다. 그러나 우리는 여전히 이 말을 선뜻 받아들이려 하지 않는다. 배달이 10분 늦어지거나 살이 금방 빠지지 않으면 투덜대기 일쑤인 우리는 늘 이쯤이면 충분히 노력했다고 생각하고 당장 성과가 나타나기를 바란다. 수많은 연구와 일화들을 통해 성공은 오랜 노력과 인내 끝에 얻어지는 것이라는 사실을 알고는 있지만, 모두가 자신의 목표에는 더 빨리 다다르기를 바란다.

사실 나는 그런 마음을 누구보다 잘 이해한다. 인정하기 부끄럽지만 나 또한 자주 그런 기대를 해온 사람이기 때문이다. 기술의 발달과 소셜미디어 사용 증가는 사람들의 조바심을 더 부추겼다. 정보에 대한 접근이 쉬워지고 원하는 것을 언제든 얻을 수 있는 생활에 익숙해지며 우리의 인내심은 눈에 띄게 줄었다. 유명인이나 창업가들의 성공담을 다루는 기사들은 화려한 성공 자체를 조명하는 데 급급해 그들이 그 성공에 이르기까지 얼마나 오랫동안 노력했는지는 다각도로 다루지 않는다. 이 또한 하루아침의 성공을 바라는 우리의 조바심을 부추긴다.

그렇다 보니 우리는 성공을 바라면서도 창의력 연습과 계발에 들이는 시간과 노력은 아까워한다. 꾸준한 노력 없이 어느 날 갑자기 창의성이 발휘되기를 바란다면 결과에 실망할 수밖에 없다. 끈기의 힘과 일관된 노력의 힘을 과소평가해서는 창의성을 강화할 수 없다. 창의성은 마법처럼 갑자기 찾아오는 것이 아니며, 격언에도 이르듯 '고통 없이는 얻는 것도 없다.'

창의성을 건강에 빗대보면 쉽게 이해할 수 있다.

두 사람이 운동을 한다고 가정해보자. 한 사람은 석 달에 한 번 몰아서 네 시간 동안 운동하고, 다른 한 사람은 석 달간 일주일에 세 번씩 20분 동안 운동한다. 어떤 방법이 건강에 더 도움이 될까? 당연히 두 번째 방법일 것이다. 이를 이해하는 것은 어렵지 않다. 큰 노력을 한 번에 몰아서 투입하는 것보다는 꾸준한 노력을 오랫동안 투입하는 편이 더 효과적이라는 것은 모두 알고 있다. 조깅할 때도 첫날에는 15분도 힘겹게 느껴지지만, 몇 달 동안 꾸준히 달리다 보면 더 먼 거리도 헉헉대지 않고 달릴 수 있는 것이다.

건강에 관해 조금 더 이야기해보자. 단순히 운동을 더 하는 것만으로는 진정한 건강을 이룰 수 없다. 건강해지기 위해서는 운동 외에도 잘 먹고, 잘 자고, 긍정적인 사고를 지녀야 한다. 아무리 규칙적으로 운동해도 과식하거나, 과도한 스트레스를 받거나, 수면 부족에 시달린다면 건강이 악화되고 체중은 오히려 늘어나기도 한다. 운동은 스트레스 관리를 위한 효과적인 도구이며, 우리 삶에서 중요한 위치를 차지한다. 운동하는 사람이라면 몸을 움직인 후 마음이 편안해지고 행복해지는 경험을 해본 적이 있을 것이다. 이는 운동할 때 스트레스를 완화하는 화학물질인 엔도르핀이 분비되기 때문이다. 오랜 기간에 걸친 일관되고 포괄적인 노력만이 우리를 진정한 건강에 이르게 할 수 있다.

창의적인 마음가짐도 건강과 마찬가지다. 창의성이 작동하는 방식은 우리 몸의 근육이 작동하는 방식과 크게 다르지 않기 때문이다. 창의성 근육을 강화하기 위해서는 의도적으로 창의성을 더 자주 활용해야 한다. 일터에서, 그리고 일상에서 창의 근육을 더 많이 사용할수록 우리는 더 창의적인 사람이 될 수 있다. 중요한 것은 단순한 질이나 양이 아닌, 질을 동반한 양이다. 창의성을 기르겠다고 혁신 워크숍에 한 번 참가하는 것보다는 일상 속에서 꾸준히 창의성을 발휘하고 문제 해결에 활용하는 것이 훨씬 더 효과적이다.

나이는 숫자일 뿐

《아낌없이 주는 나무The Giving Tree》의 작가 셸 실버스타인Shel Silverstein은 대학 시절 낮은 학점 때문에 학교에서 제적당했지만 나중에 유명한 아동문학 작가가 되었다. 실버스타인의 책은 30여 개 언어로 번역되어 전 세계에서 2,000만 부 이상 판매되었다.

커널 샌더스Colonel Sanders는 예순둘이 되던 1952년에 패스트푸드 체인 KFC를 창업해 12년 후 200만 달러(약 22억 원)에 매각했다. 조나 페레티Jonah Peretti는 30대에 버즈피드BuzzFeed의 창업자이자 〈허핑턴포스트〉의 공동창업자가 되었지만, 그전까지는 중학교에서 마이크로소프트 오피스 프로그램 활용법을 가르치는 컴퓨터 교사였다. 1994년 갓 이혼한 J. K. 롤링J. K. Rowling은 아이를 먹여 살릴 돈조차 없어 정부 보조금으로 궁핍한 생활을 했다. 그로부터 3년 후 롤링은 《해리 포터Harry Potter》의 첫 번째 시리즈를 세상에 내놓았다. 아만시오 오르테가Amancio Ortega는 39살에 자라Zara를 창립했다.

마사 스튜어트Martha Stewart가 유명해진 것은 40대에 이르러서였다. 〈와호장룡〉〈브로크백 마운틴〉 등의 영화가 흥행하며 유명해진 이안李安 감독은 그전까지는 집에서 살림을 도맡았다. 전 세계적으로 유명한 비욘세Beyonce 같은 가수도 2시간 분량의 복귀 공연 '홈커밍Homecoming'을 앞두고 8개월 동안 연습했다. 이 공연의 영상은 2019년 4월 넷플릭스Netflix를 통해 공개되기도 했다.

앞서 언급된 인물들에게도 분명 포기하고 싶은 순간이 있었을 것이다. 그러나 나이가 몇 살이든, 이미 자기 분야에서 얼마나 인정받고 있든, 모두 포기하지 않고 자신의 기술과 창의성을 갈고 닦았다. 그리고 그 노력과 투지의 결과로 그들은 오랫동안 기억될 걸작을 창조해냈다.

창업도 마찬가지다. 바버라 코코란Barbara Corcoran은 1970년대에 남자친구와 함께 부동산 업체를 차렸으나, 남자친구가 비서와 바람이 나서 떠나며 혼자 남겨졌다. 설상가상으로 그녀는 부동산 업계에서 일해본 경험도 없었다. 그러나 코코란은 끈질긴 노력 끝에 혼자만의 힘으로 뉴욕 부동산 업계의 거물로 우뚝 섰다. 코코란은 현재 투자자로서 창업가들을 적극 지원하고 있으며, 미국의 유명 리얼리티 투자쇼 〈샤크 탱크Shark Tank〉에 투자자들 중 한 명으로 고정 출연하고 있다.

제임스 다이슨James Dyson은 먼지봉투 없는 진공청소기를 개발하겠다며 자기 집 뒤뜰에서 디자인을 이리저리 고쳐가며 5,000개 이상의 시제품을 만들었다. 다이슨이 그 아이디어를 처음 떠올린 것은 1979년이었다. 2019년 현재 다이슨의 제품들은 진공청소기와 헤어드라이어 분야에서 베스트셀러로 자리 잡았으며, 다이슨은 억만장자가 되었다.[13]

지금까지 언급한 인물들은 어려움이 닥쳐도 포기하지 않았다. 그들은 성공이나 나이에 대한 사회의 고정관념에 굴하지 않고 자신의 창작물 세상에 내놓았다.

앞서 소개한 사람들이 기술을 갈고닦은 것도 사실이지만, 그들은 모두 열린 태도로 자신의 '안전지대comfort zone'를 벗어남으로써 성공을 거뒀다. 세계적으로 유명한 창의성 전문가이자 심리학자인 미하이 칙센트미하이Mihaly Csikszentmihalyi는 우리가 노력을 통해 만

---

13) https://www.npr.org/2018/03/26/584331881/dyson-james-dyson

드는 도약의 경험을 '최적 경험optimal experience'이라고 부르기도 했다. 우리는 인간으로서 누구나 자연스럽게 최적 경험을 추구한다.

칙센트미하이는 자신의 저서 《몰입Flow》에서 다음과 같이 말했다.

> 우리가 일반적으로 생각하는 것과 달리 이런 느낌을 주는 순간은 수동적이거나 수용적이거나 편안한 상황이 아니다. 우리가 어렵지만 가치 있는 일을 이루기 위해 온 마음과 육체를 바쳐 자발적으로 최대한도까지 전력투구할 때 일어난다. 따라서 최적 경험은 거저 생기는 것이 아니라 우리가 노력해서 만드는 것이다.
>
> 아이에게 최적 경험은 여태까지 쌓았던 장난감 성을 더 높게 만들기 위해서 성의 마지막 꼭대기를 장식할 장난감 조각 하나를 조심스럽게 얹으려고 하는 순간에 일어날 수 있다. 수영 선수에게는 자신의 기록을 깨기 위해 노력하는 순간에, 바이올린 연주자에게는 아주 어려운 작품을 연주하는 순간에 일어날 수 있다. 모든 사람에게는 이렇듯 자신의 내적 세계를 확장할 수 있는 기회가 수없이 찾아올 수 있으며, 누구나 그 기회에 도전할 수 있다.

칙센트미하이가 말한 바와 같이 우리는 한 걸음 더 나아간 목표를 달성했을 때 가장 많은 것을 배우고 가장 크게 성장한다. 같은 일을 반복해서는 최선의 아이디어를 얻을 수 없는 것도 바로 이런 이유 때문이다. 새로운 가능성을 탐구하기 위해서는 안전지대 안에 있는 우리의 생각과 아이디어를 계속해서 바깥으로 밀어내고 확장해야 한다. 몇 번의 시도에도 원하는 결과를 얻지 못할 수도 있다. 중요한 것은 끈기와 꾸준함이다. 쉽게 해결될 일이라면 이미 해결책을 찾았을 것이다. 우리는 새로운 목표와 도전을 즐기도록 설계되어 있다. 그 사실을 명심하며 새로운 시도가 주는 불편함에 익숙해져 보자.

성인을 위한 온라인 학습 플랫폼 유데미Udemy가 진행한 조사에 따르면, '업무에 대한 권태'는 직장인들의 퇴사 이유 중 상위권을 차지했다. 미국의 직장인 1,000명을 대상으로 진행된 이 조사에서는 응답자의 43퍼센트가 일에 권태를 느낀다고 답했다. 업무에 관련된 새로운 기술을 배울 수 있다면 일에 대한 관심이 더 높아질 것 같다고 답한 응답자는 전체의 80퍼센트였다.[14] 당신도 아마

---

14) 2016 유데미 직장 권태 연구 〈권태 우울 극복: 직장인의 업무 열정을 어떻게 높일 것인가(Udemy Workplace Boredom Study: Battling Boredom Blues: How to Engage Today's Workers)〉. https://info.udemy.com/rs/273-CKQ-053/images/2016_Udemy_Workplace_Boredom_Study.pdf

업무에 권태를 느낀 적이 있을 것이다. 권태는 일에 대한 만족도를 떨어뜨린다. 지나치게 큰 난관이 한꺼번에 닥치면 힘들겠지만, 적당히 조금씩 부딪히는 문제들은 우리의 업무 경험을 풍성하게 한다. 칙센트미하이가 말했듯 권태를 느끼지 않고 일을 즐기기 위해서는 이러한 작은 도전과제들이 필요하다.

그런데 사실 정말 중요한 문제가 있다. 한정된 자원으로 주어진 문제를 해결해야 하는 회사라는 공간에서 마냥 창의성을 기르기 위한 연습만 할 수는 없는 노릇이다. 그 과정은 어느 정도 걸리는 것일까? 몇 번의 시도를 예상해야 할까? 시간에도 예산에도 제약이 있는 일터에서 이는 반드시 고려해야 할 문제일 수밖에 없다.

회사에서 당장 내일 결과를 내놓으라고 한다면?

나도 알고 있다. 회사는 늘 빠른 결과를 원한다. 추가적인 비용 발생이나 시간 낭비를 원치 않기 때문이다. 그러나 대부분의 리더는 좋은 혁신과 창의적인 문화를 계발하는 데 시간과 노력이 든다는 점 또한 이해한다.

나와 일하는 고객들이 자주 저지르는 실수가 있다. 조직 내에서 창의적 과정을 진행하다가도 변화가 생각보다 더디게 나타나거나 예상과는 다른 형태로 나타나면 갑자기 그 과정을 중단해버리는 것이다. 그들은 시간과 자원의 더 큰 '낭비'를 막기 위해 그런 결정을 내린다. 그러나 그런 갑작스러운 중단은 조직에 상처를 남기며, 그 상처가 치유되기까지는 오랜 시간이 걸린다. 조직이 도입한 창의적 과정을 따라가다가 갑자기 '그런 창의성은 필요 없다'는 통보를 받게 된 직원들은 신뢰를 잃고 혼란을 느낀다. 결과가 빨리 나오지 않으면 비난받을 것을 뻔히 아는데 굳이 문제 해결에 창의적 노력을 투입할 사람은 없을 것이다. 조직의 창의적 기대를 충족하지 못하는 구성원을 나무라기 전에 그것이 내부에 어떤 메시지를 보내는지 생각해봐야 한다. 창의성은 다양한 방식으로 표출되기 마련인데, 이에 대해 조직의 태도가 열려 있지 않다고 느끼게 되면 구성원들이 새로운 아이디어를 제안할 가능성은 줄어든다. 뭔가를 제안할 때마다 묵살당할 불안을 느낀다면 새로운 제안을 내놓을 필요가 있겠는가?

영리 기업이든 비영리 단체든 자원과 시간의 제약은 늘 존재하며, 리더가 이를 인지하는 것은 중요하다. 그러나 직원들에게 시행착오와 성장의 기회를 주지 않는 것은 그야말로 근시안적인 행동이다. 비난에 대한 두려움 없이 새로운 아이디어를 펼쳐볼 기회가 주어지지 않는다면 아무도 새로운 시도를 하지 않을 것이다.

아이들을 생각해보자. 이제 막 기기 시작한 아기를 두고 뛰지 못한다고 나무라는 사람은 없을 것이다. 걸음마를 시작한 어린아이가 자꾸 뒤뚱거리며 넘어진다고 아예 걷지 못하게 하는 사람도 없을 것이다. 우리가 아이들을 나무라지 않는 것은 그것이 자연스러운 과정임을 알기 때문이다. 우리는 아이들이 꾸준한 연습을 거쳐 언젠가 걷고, 뛰고, 더 많은 것을 해내리라는 것을 알고 있다. 창의성을 대할 때도 이런 태도가 필요한데, 우리는 왜 기기도 전에 뛰기를 기대할까?

마찬가지로, 조직의 구성원이 매번 창의적인 해결책들을 척척 생각해내고 그중 최선의 것을 단번에 찾아내리라 기대하는 것은 비현실적이다. 단순히 휴가를 더 주고 교육 프로그램을 제공한다고, 또는 맛있는 간식을 갖춘 편안한 업무 공간을 제공한다고 창의성이 발휘되는 것은 아니다. 물론 추가적인 자원이나 혜택이 구성원들이 일터에서 느끼는 감정 상태에 긍정적으로 작용할 수는 있다. 그러나 너무 높은 기대치를 덧붙인 혜택은 오히려 부담이 된다. 그런 분위기에서는 창의성을 발휘할 기회가 주어져도 즐겁게 받아들이기보다는 '그렇지 않아도 바쁜데 추가된 업무'쯤으로 여기게 될 수밖에 없다.

혹시 기업을 운영하고 있는 독자라면, 직원들의 창의성을 강화하기 위해 도입했던 정책이나 프로그램을 떠올려보자. 어떤 기회를 제공했는가? 결과가 기대에 미치지 못했을 때 당신은 어떻게 반응했는가? 혹시 처음에 제공했던 기회를 다시 빼앗지는 않았는가? 조직의 구성원들에게 당신의 기대와 목표를 어떤 방식으로 설명했는가? 직원들은 어떻게 반응했는가? 직원으로서의 경험도 생각해보자. 회사가 창의성이나 혁신에 중점을 두겠다고 했을 때 어떤 기분이 들었는가? 창의성을 발휘할 시간이 충분히 주어졌다고 느꼈는가? 그렇게 느꼈다면, 어떤 점에서 그랬는가? 만약 아니라면, 그 이유는 무엇인가?

일이 계획대로 진행되지 않을 때 적절한 선회 시점을 파악하는 능력은 중요하다. 그러나 새로운 시도와 성장 기회에 시간을 투자하는 법을 배우는 것도 중요하다. 최선의 길을 찾는 데는 시간이 걸리므로, 예산과 조직의 목표, 그리고 정해진 기한 안에서 가능한 접근법부터 시작해야 한다. 조직의 창의성을 키우겠다며 눈에 확 띄는 요란한 시도를 했다가 며칠 만에 결과가 나오지 않는다고 금세 중단하는 것보다는 작은 시도로 시작해 꾸준히 유지하는 것이 훨씬 바람직하다.

과로가 혁신을 죽인다

창의성을 꾸준히 연습하고 발휘하겠다는 태도는 중요하다. 그러나 단 한 순간도 쉬지 않고 최고의 창의성을 발휘하겠다는 생각은 위험하다. 사실 과로는 직원들이 창의적 결과를 내지 못하는 이유가 되기도 한다. 나는 가장 혁신적인 실리콘밸리의 기술기업에서조차 이런 현상을 종종 목격했다. 사실 혁신적인 기업일수록 직원들에게 높은 창의성을 기대한다. 그리고 창의성에 대한 지나친 기대는 직원들에게 부담과 불안이 된다. 기업은 창의성을 마음껏 발휘하라며 멋진 회의실과 많은 혜택을 제공하고, 직원들은 그 기대에 부응하고자 종종 과로로 내몰린다.

안타깝게도 이 문제는 도처에 만연해 있다.

일본에서는 직장인들의 자살률 증가와도 관련이 있는 '과로사'라는 용어가 이미 널리 사용되고 있다. 과로는 직원 유지와 업무 성과, 직원들의 전반적인 건강에도 악영향을 준다.[15] 2019년 3월 하버드대와 매사추세츠주 의료기관들이 함께 진행한 조사는 외과 의사들의 '번아웃'이 위기를 초래하고 있으며, 의사 본인뿐 아

15) https://qz.com/work/1115107/workers-in-japan-and-the-us-overwork-in-different-ways/

니라 환자들에게도 악영향을 주고 있다고 밝혔다. 한 조사에서는 인사 담당자의 95퍼센트가 번아웃이 직원 유지에 악영향을 주며, 잘못된 관리가 번아웃의 만연을 부르고 있다고 답했다.[16]

2019년 5월 세계보건기구는 직무 스트레스로 인한 번아웃 증후군을 국제질병표준분류기준에 포함시켰다.[17] 세계보건기구에 따르면 전 세계적으로 약 2억 6,400만 명이 직무 관련 우울증과 불안장애로 고통받고 있으며, 이로 인한 세계 생산성 손실은 매년 1조 달러에 달한다.[18] 부정적인 직장 환경이 직원의 건강과 기업의 성장뿐 아니라 세계 경제에도 부정적인 영향을 준다는 의미다. 성공에 대한 중압감이 지나치게 강한 환경에서 사람들이 어떻게 창의성을 발휘할 수 있겠는가?

창의성을 장려하는 분위기를 조성하는 것과 모두에게 창의성을 기대하는 것 사이에는 차이가 있다. 지나친 기대감의 잘못된 표출은 직원들의 창의성뿐 아니라 생산성과 만족도에까지 부정적인 영향을 줄 수 있다.

---

16) https://www.washingtonpost.com/national/health-science/from-moms-to-medical-doctors-burnout-is-everywhere-these-days/2019/03/29/1cea7d92-401d-11e9-922c-64d6b7840b82_story.html?noredirect=on&utm_term=.f3b101860a1b
17) https://www.who.int/mental_health/evidence/burn-out/en/
18) https://www.who.int/mental_health/in_the_workplace/en/

기업이 그 미묘한 경계를 정확히 구분해 창의적이고 건강한 문화를 유지하고 있는지 여부는 사무실에 출근하는 직원들의 모습을 보면 알 수 있다. 건강한 문화를 성공적으로 구축한 기업의 직원들이라면 월요일 아침 출근의 장벽이 없을 것이고, 여기에 실패한 기업의 직원들은 금요일 퇴근 시간만 바라볼 것이다.

현재 당신이 속한 조직에서 창의성을 위한 환경을 조성하는 데 관심이 없다고 해도 방법은 있다. 당신의 가장 큰 자산은 당신 자신, 그리고 당신의 동기이기 때문이다. 창의성을 발휘할 방법을 찾고자 의도적인 노력을 기울이고 안전지대를 과감하게 벗어나 새로운 시도를 거듭한다면 분명 원하는 바를 이룰 수 있을 것이다.

운동하러 헬스클럽이나 요가 수업에 갈 때도 남들에게 좋게 보이려는 목적으로, 또는 소셜미디어에 자랑하려는 목적으로 가는 사람과 실제 건강을 가꾸기 위해 가는 사람의 운동 결과는 결코 같을 수 없다는 점을 명심하자.

좋은 것은 원래 시간이 든다

우선 한 가지 당부하고 싶은 것이 있다. 원하는 방식이나 속도로 창의적 목표를 달성하지 못하는 경우에도 스스로를 너무 몰아붙일 필요는 없다. 창의적 목표를 이루는 데는 시간과 노력, 시행착오가 필요하기 마련이다. 실패해도 괜찮고, 실수를 해도 괜찮다. 그 실패와 실수에서도 뭔가를 배울 것이기 때문이다. 예상보다 더 긴 시간이 걸려도 괜찮다. 창의적 자아와의 재회가 그렇게 쉬운 일이었다면 우리는 그 방법을 벌써 오래전에 깨우쳤을 것이다.

나는 늘 목표를 정하고 스스로를 몰아붙이는 성격이었다. 나는 내가 다른 사람들의 실망을 두려워해서 그러는 것이라고 생각했다. 나중에 깨달았지만, 사실 내가 두려워했던 것은 타인의 실망이 아닌 나 자신에 대한 실망이었다. 실패가 주는 감정을 극히 싫어하는 나는 나 자신에 대한 가장 가혹한 평가자였다. 그 상태로는 창의성을 찾아가는 여정을 시작하기 어려웠다. 나는 그 여정을 단거리 경주가 아닌 긴 호흡의 마라톤으로 보기 위해 두 가지 일을 시작했다.

우선 나는 실패와 난관을 극복하고 성공을 이뤄낸 개인과 기업의 이야기들을 찾아 읽기 시작했다. 알리바바Alibaba를 창업한 마윈馬雲의 이야기, 월트디즈니컴퍼니The Walt Disney Company를 세운 월트 디즈니의 이야기, 오프라윈프리네트워크Oprah Winfrey Network를 설립한 오프라 윈프리의 이야기는 내게 많은 영감을 주었다. 알리바바

나 월트디즈니 같은 기업들은 하루아침에 목표를 이루리라는 기대로 현재의 위치에 오른 것이 아니다. 그들은 포기를 거부하는 강한 비전을 통해 성공을 거뒀다. 나는 그러한 실제 사례들을 읽고 듣고 보면서 내가 혼자가 아니라는 점을, 그리고 창의성이 사흘 만에(혹은 그보다도 짧은 시간 안에) 발휘되리라는 기대는 말도 안 된다는 점을 다시 한번 깨달았다. 우리가 읽고 듣고 보는 것에는 힘이 있다. 영감을 주는 이야기에 더 자주 노출될수록 그 교훈을 삶에 잘 적용할 수 있다.

둘째로 나는 스스로를 돌아보고 용서하는 데 더 많은 시간을 투자하기 시작했다. 자신에게 실망감이 들려고 할 때면 잠시 생각을 멈추고 숫자를 열까지 천천히 셌다. 그 짧은 멈춤 덕에 나는 감정에 휩쓸린 성급한 결정을 피할 수 있었다. 숫자를 다 센 후에는 호기심을 가지고 내 안을 들여다보며 '내가 이 경험을 통해 나 자신에 대해 배운 것이 뭐지?'라는 질문을 던졌다. 나는 그 몇 분을 통해 자책보다는 배움에 집중할 수 있었다. 그 시간은 또한 실패에 대한 두려움을 줄이고 배움의 과정을 즐길 수 있게 해주었다. 물론 지금도 가끔은 원하는 결과가 빨리 나오지 않으면 나도 모르게 조바심이 나지만, 스스로를 들여다보는 과정은 분명 나의 문제 해결 능력과 소통 능력, 협업 능력을 강화시켜주었다.

직장에서의 소통과 범주

조직의 리더로서 당신이 실패와 시행착오, 새로운 시도에 보이는 반응은 구성원들의 협업과 창조, 도전 방식에 영향을 준다. 리더는 자신이 한 말을 실행에 옮기는 것은 물론, 조직의 창조적 환경을 지키고 사수하는 보디가드이자 수호자가 되어야 한다. 말로만 지지한다고 해서는 부족하다. 구성원들이 열린 태도로 위험을 감수할 수 있게 하기 위해서는 새로운 시도가 실패로 돌아가거나 목표를 이루기까지 시간이 걸려도 당신이 그들의 편에 있다는 것을 행동으로 보여줘야 한다.

그 행동을 보여줄 때 효과를 높일 수 있는 방법은 다음과 같다.

우선 팀원들이 새로운 시도와 실험을 할 수 있는 시간과 자원 등에 대한 한계와 범주를 명확히 정하고 알려주는 것이 좋다. 새로운 엑셀 양식 도입이 되었든, 종이서류 대신 디지털 도구를 활용하는 것이 되었든, 실험이 가능한 영역을 확실히 해두면 구성원들은 자신이 할 수 있는 창의적 시도의 범위를 명확하게 이해할 수 있다. 이를 통해 조직의 핵심 목표와 가치, 우선순위 또한 구성원에게 전달할 수 있다.

둘째, 성공한 시도뿐 아니라 실패한 시도에서도 긍정적인 교훈을 찾고 그 노력을 치하해야 한다. 성공한 프로젝트만 주목하는 문화에서는 창의적인 아이디어가 떠올라도 지난번보다 덜 성공적일지도 모른다는 두려움에 새로운 시도를 꺼리게 될 수 있다. 모두가 편안하고 자연스럽게 새로운 아이디어를 나누고 새로운 프로젝트를 시도할 수 있는 환경을 조성하기 위해서는 아이디어나 프로젝트의 성패 여부와 상관없이 함께 교훈을 돌아보고 서로의 의견을 나누는 문화를 만드는 것이 좋다.

마지막으로 창의성이나 혁신에 대한 정의나 기대를 수립할 때 구성원들에게 하나의 완벽한 해결책을 갈고닦는 데 집중하기보다는 작은 성공을 단계별로 차근차근 이뤄가는 방향으로 수립하도록 장려하는 것이 좋다. 매 단계의 작은 성공을 장려하는 조직에서는 구성원들이 서로의 작은 성공을 축하하고 자연스럽게 큰 성공을 계획할 수 있다. 큰 성공만을 강조하는 조직 문화는 첫 발걸음을 떼는 것부터 부담스럽게 만든다.

기존의 공간을 활용해 창의성 장려를 위한 장소를 만드는 것도 좋다. 사무실 내의 특정 공간을 창의성 구역으로 지정하고 그곳에서는 직원들이 자유롭게 조금 다른 일을 시도할 수 있게 하는 것이다. 그 공간에는 그곳이 창의성 구역임을 나타내는 장식을 설치하거나, 직원들이 활용할 수 있는 도구나 물품들을 가져다 놓는 것도 좋다. 아니면 그 장소에서는 철저히 창의성이나 혁신에 관련된 행사만을 진행하는 것도 좋은 방법이다. 직원들에게 사무실을 벗어나 교육 프로그램이나 워크숍 등에 참가할 수 있는 기회를 주는 것도 좋다. 어쨌든 핵심은 늘 작게 시작하고 창의적 전략과 긍정적인 강화를 함께 진행하는 것이다.

최선의 창의적 접근법을 찾기 위한 과정에는 시행착오가 있을 수밖에 없다. 그 시행착오를 가능하게 할 시간과 공간을 자신에게, 그리고 구성원들에게 확보해주기 위해서는 어떻게 해야 할까? 다음의 질문을 바탕으로 생각해보자.

- 어떻게 하면 바쁠 때도 매일의 업무에 창의성을 발휘할 수 있을까?
- 최근 고객이나 동료와의 사이에서 문제가 발생한 적이 있는가? 어떻게 해결했는가? 다시 그 시점으로 돌아간다면 그 문제에 어떤 다른 방식으로 접근할 수 있을까?
- 팀장으로서 팀원들이 창의적인 사고와 문제 해결 능력을 강화하도록 장려하려면 어떻게 해야 할까?
- 팀장으로서 어떻게 하면 팀원들이 창의성을 부담이 아닌 즐거운 일로 받아들이게 할 수 있을까?

- 기업의 입장에서, 시간이 걸리고 시행착오가 발생하더라도 리더들로 하여금 창의적 사고를 우선시하도록 하려면 어떻게 해야 할까?
- 기업의 입장에서, 조직의 예산과 자원에 피해가 없는 범위에서 직원들에게 어느 정도까지의 창의적 실험을 허용할 수 있을까?

● 핵심 정리

1. 하루아침에 이뤄지는 성공은 없다.
2. 창의성 강화를 위해서는 지속적인 연습과 창의적 시도를 허용하는 공간을 의도적으로 마련해야 한다. 당신이 무엇을 믿기로 선택하느냐에 따라 당신의 성취가 달라진다.
3. 불가능하다고만 생각하면 그것은 불가능한 일로 남는다. 혁신도 마찬가지다. 진정한 혁신을 원한다면 노력할 자세를 갖춰야 한다.
4. 창의성을 습관화하고 더 자주 연습하라. 일에서도 삶에서도 의도적 창의성만이 구체적인 결과를 이끌어낼 수 있다.

제약과 친해지기

Constraints ? Your New Best Friend

5

"제약으로부터 창의성이 나온다."

✦ **데비 앨런**Debbie Allen −배우, 안무가 ✦

Rethink
Creativity

직장에서 어려운 상황에 맞닥뜨리거나 예기치 못한 문제가 터졌을 때 당신은 반사적으로 어떤 반응을 보이는가? 해결을 미루거나 의사 결정을 지체하는가? 동료들에게 불평하는가? 아니면 창의적 마음가짐으로 그동안 갈고닦은 기술을 선보일 생각에 흥분하는가?

사실 예기치 못한 상황이 발생했을 때, 해결이 어려운 복잡한 문제가 갑자기 터졌을 때 그 상황을 즐겁게 받아들이는 사람은 그리 많지 않을 것이다. 영화나 책에서 주인공이 고난을 극복하고 실패에서 영감을 받아 끝내 성공을 거두는 이야기는 재밌다. 그러나 그 주인공이 내가 된다면 사정은 달라진다. 나 또한 예전에는 어려운 문제에 부딪히면 아직 준비가 되지 않았다는 생각에 불안이나 피로, 스트레스를 느꼈다(그 모든 감정을 동시에 느끼기도 했다). '터널'의 끝에 언제 다다를지, 아니 끝이라는 것이 있는지 알 수 없었기 때문이다.

그런데 그런 상황이 창의성을 발휘할 절호의 기회라고 한다면 어떨까?

아마 말도 안 되는 소리를 한다며 고개를 절레절레하는 독자도 있을 것이다. 비논리적이라고 생각하는 독자도 있을 것이다. 그러나 바로 그 이유 때문에 가능하다. 창의성은 논리적이지 않다. 애초에 창의적인 해결책은 기존의 자원이나 상황 속에서 뭔가 새로운 방법을 찾는 것이다. 그렇기 때문에 그 방법은 엉뚱하거나 어색하게 느껴질 때도 있다. 우리는 강한 압박을 받는 상황에서 의외의 해결책을 발견할 때가 많다. 애초에 기존의 방법으로는 해결하기 어려운 문제이기 때문에 전혀 기대치 못했던 답을 발견하게 되는 것이다.

내가 진행하는 창의성 워크숍이나 강연에서도 이런 현상이 자주 목격된다. 강연 초반에 던진 질문에 대한 가장 엉뚱하고 멋진 답들은 종종 강연을 마무리할 때쯤 되어 마지막 20초를 주었을 때 나오곤 한다. 참가자들은 시간 제약 탓에 긴장하지만, 나중에

하는 이야기를 들어보면 오히려 그 덕에 완벽한 아이디어를 내겠다는 부담감을 내려놓고 떠오른 답을 망설임 없이 말할 수 있었다고 입을 모은다. 생각보다 행동을 앞에 놓는 순간 날카로운 통찰과 새로운 방향을 제시해주는 꽤 멋진 아이디어가 떠오르기도 한다. 그리고 그렇게 떠오른 아이디어는 긴 시간이 주어졌을 때 나온 아이디어보다 더 빛나는 경우도 많다.

생각해보자. 참가자들에게 주어진 자원은 처음부터 끝까지 동일했다. 참가자의 구성에도 변화가 없었다. 그러나 참가자들은 강연 초반에는 혁신적인 답이 되어줄 아이디어를 잘 생각해내지 못했다. 앞으로도 답을 찾을 시간은 충분하다는 생각에 욕심을 부리다 보니 순간순간 떠오른 답을 발표하지 못한 것이다.

최근 어떤 문제를 기발하고 혁신적으로 해결했던 순간을 떠올려보자. 어떤 방법을 사용했는가? 아마 당신은 다양한 정보와 지식, 경험을 연결해 문제를 해결했을 것이다. 새로운 것을 생각해내느라 필시 창의성도 발휘했을 것이다. 그러나 머릿속에 다양한 해결책이 떠올랐어도 결국 최종적으로는 한 가지를 골라야 했을 것이며, 당신이 내린 결정은 제한된 시간과 자원, 또는 또 다른 제약의 영향을 받았을 가능성이 높다.

1950년대의 창의성 연구자 루스 놀러Ruth Noller는 다음과 같은 창의성 공식을 활용해 이것을 유려하게 설명해냈다.

$$C = fa(K, I, E)$$

창의성Creativity은 지식Knowledge과 상상Imagination, 평가Evaluation의 상호작용에 기반을 두고 있다는 의미다. 아무리 상상력이 풍부하고 좋은 아이디어가 많아도 결정을 내리거나 행동을 취하지 않으면 혁신적인 생각들은 피어나지 못하고 그저 아이디어로 남는다. 혁신이 창의성으로부터 태어나는 것이라는 점을 고려하면, 제약 없이는 혁신도 있을 수 없다.

프로젝트의 시간과 예산에 제약을 둠으로써 놀라운 결과를 경험한 기업이 많은 것도 그런 이유다. 실제로 이를 실행에 옮긴 한 리더는 그 결과에 크게 흥분하기도 했다. 기술 업계에 종사하는 그녀는 팀원들에게 어떤 문제를 제시한 후 6개월 이내에 5만 달러 이하의 예산으로 해결책을 찾기 위한 프로젝트를 진행하라고 지시했다. 모두 그녀가 정신이 나갔다고 생각했다. 그녀가 생각하는 규모의 프로젝트를 진행하려면 통상 2년 정도의 기간에 예산은 100만 달러가량을 잡아야 했기 때문이다. 그러나 그녀에게는 시간이 없었고, 한시라도 빨리 실행 가능한 해결책을 찾아야 했다. 팀원들은 불가능한 일이라며 불만을 쏟아냈다. 그러나 그녀가 제시한 두 가지 조건이 모든 것을 바꿔놓았다. 그녀는 "해결책을 찾기 위해서라면 평소의 규칙에서 조금 벗어나도 괜찮다"고 했고, "그 책임은 내가 지겠다"고도 했다. 그들은 목적을 이뤘을까? 놀랍게도 그렇다. 사실 원래 예상했던 것보다 1만 달러를 덜 쓰고도 실현 가능한 시제품을 개발해냈고, 이는 공장에 즉시 적용되었다.

이 실험의 결과로 그 회사는 시제품 개발 방식을 변경했고, 이는 생산성과 제품 개발, 그리고 수익의 개선으로도 이어졌다. 물론 그녀의 요구는 불가능에 가까웠고, 이것은 분명 꽤 과감한 도전이었다. 그러나 리스크나 도전이 없으면 우리는 무엇이 가능하고 무엇이 불가능한지 알 수 없다. 그러므로 혁신을 시작하기 위해서는 작은 시도라도 꾸준히 실천하며 다양한 제약을 가지고 실험해가는 것이 좋다.

무한한 자원이 답이 아닌 이유

혁신은 대부분 난관이나 걸림돌로부터 탄생한다. 난관에 부딪혔을 때 그저 불평만 하는 사람들과 달리 혁신가들은 눈앞의 도전을 발전을 위한 기회로 바라보고 문제를 해결하는 데 집중한다.

지금 종이를 한 장 꺼내 현재 당신의 생활을 근본적으로 바꿔놓은 제품 세 가지를 적어보자. 그다음에는 당신이 존경하는 기업, 또는 만족스럽게 사용하고 있는 서비스나 제품을 개발한 기업 세 곳을 적어보자. 다 적었으면 이제 그 배경을 조금 조사해보자. 당신이 종이에 적은 상품이나 기업들이 처음에 어떻게 시작되었는지 찾아보는 것이다. 아마 십중팔구 어려운 상황을 극복하려는, 문제를 해결하려는 강한 열망에서 시작되었을 것이다. 그리고 아마 대부분은 아예 존재한 적이 없는 상품이거나 보통 사람들에게 너무 새롭고 낯선 개념이어서 제안 당시 엉뚱하다는 평가를 받았을 것이다. 창의성을 강화하고 싶다면 제약과 난관을 위협으로 볼 것이 아니라 창의성을 발휘할 기회로 활용할 수 있어야 한다.

많은 리더들이 창의성 부족의 이유로 자원 부족을 꼽지만, 제약을 기회로 봐야 한다고 생각하는 나는 그 말에 동의할 수 없다. 제약은 창의성을 위한 가장 큰 선물이다. 제약이야말로 우리로 하여금 새로운 아이디어를 내놓고 더 나은 결정을 내리도록 압박하기 때문이다. 만약 창의성을 강화하기 위해서는 더 많은 자원이 필요하다고 생각했다면, 안타깝게도 당신은 지금까지 창의성을 오해해온 것이다.

무한한 자원은 사실 창의성의 적이 될 수도 있다. 물론 자원이 많다면 더 다양한 것을 시도해볼 수는 있다. 그러나 비싼 해결책과 창의적인 해결책을 혼동해서는 곤란하다. 지금까지 수많은 전문가와 예술가, 혁신적인 기업이 의도적인 제약을 도구로 활용해 창의적인 결정을 내리고 놀라운 제품을 개발했다. 가수 밥 딜런 Bob Dylan은 의도적으로 특정 비트를 제외하거나 두 가지 리듬만을 활용해 실험적인 음악을 만들었다. 닥터 수스Dr. Seuss는 제한된 어휘만 사용해《모자 쓴 고양이The Cat in the Hat》같은 걸작을 탄생시켰다.[19] 이렇듯 압박과 도전 사이에서 적절한 균형을 찾아낼 수만 있다면 우리도 제약을 통해 발전할 수 있다.

그러나 모든 도전이 혁신을 촉발하는 것은 아니다. 이는 의도가 좋은 경우에도 마찬가지다. 인간의 뇌는 무한한 잠재력을 지니

---

19) 닥터 수스는 재미있는 이야기를 어린아이들도 쉽게 읽을 수 있도록 하기 위해 의도적으로 자신의 책에 사용하는 어휘의 숫자와 단어의 길이를 제한했다. 출판사는 348개의 어휘 중 두 음절을 넘지 않는 단어만을 골라서 책을 써 달라고 했고, 닥터 수스는 총 236개의 단어만을 사용해《모자 쓴 고양이》를 완성했다. 닥터 수스의 책들은 전 세계에서 6억 5,000만 권 이상이 팔리는 대성공을 기록했다. 출처: https://www.thedailybeast.com/it-took-dr-seuss-a-year-to-write-the-cat-in-the-hatand-it-changed-kids-lit-forever

고 있지만, 휴식을 통한 여유 또한 필요로 한다. 연구에 따르면 성인의 경우 하루 평균 3만 5,000건의 의식적 결정을 내린다고 한다 (경우에 따라 그 이상일 때도 있다).[20] 반면 어린이가 하루에 결정을 내리는 횟수는 3,000번 내외다. 어린 시절에 스트레스를 덜 받았던 것도 그렇게 생각하면 당연한 일이다. 우리가 하루 동안 음식에 대해서 내리는 결정만 해도 평균 226.7건이며, 행동, 생각, 말, 감정 등에 대한 결정을 포함하면 결정의 건수는 깜짝 놀랄 정도로 늘어난다. 하루에 내리는 결정의 건수가 3만 5,000건을 넘어가면 우리는 '결정 피로'를 느끼게 되는데, 결정 피로는 우리가 내리는 의사 결정의 질을 빠르게 떨어뜨린다. 이 상태에서는 충동성이 높아지고 자기 제어 능력이 떨어진다. 다시 말해 아무리 똑똑하고 창의적인 사람이라도 결정 피로 상태에서는 최선의 판단을 내릴 수 없다는 이야기다.

결정 피로는 반드시 기억해두어야 할 요소다. 한꺼번에 너무 많은 결정을 내리거나 복잡한 문제를 무리해서 한 번에 해결하려고 하면 아무리 창의적인 사람이어도 판단력이 떨어지기 때문이다.

20) https://go.roberts.edu/leadingedge/the-great-choices-of-strategic-leaders and https://www.nytimes.com/2011/08/21/magazine/do-you-suffer-from-decision-fatigue.html?pagewanted=all&_r=0

그렇다면 어떻게 해야 할까? 가장 긍정적인 결과를 만들어내기 위해서는 잠시 판단을 멈추고 스스로를 돌아보며 휴식을 취할 여유를 가져야 한다. 매 순간 과거를 뛰어넘어 전력질주만 하겠다는 태도로는 창의성의 엔진을 최상으로 가동할 수 없다. 반복과 연습은 중요하지만 한 발짝 물러나 잠시 멈추는 것도 필요하다.

1975년의 고장 난 피아노에서 배울 수 있는 것

관점을 바꾸면 난관은 전화위복의 계기가 되기도 한다. 이 메시지를 전하고 싶을 때 내가 자주 인용하는 일화가 있다. 미국의 재즈 피아니스트 키스 재럿Keith Jarrett에 관한 이야기다.

1975년 1월 24일, 리허설을 위해 공연 장소인 쾰른 오페라하우스에 도착한 키스 재럿은 깜짝 놀랐다. 몇 시간 후면 공연장을 가득 채운 1,400명의 관객 앞에서 공연을 해야 하는데, 피아노 상태가 믿기 힘들 정도로 엉망이었던 것이다. 조율이 제대로 되지 않아 음정이 하나도 맞지 않았고 서스테인 페달도 작동하지 않았지만, 공연 시간에 맞춰 다른 피아노를 구하는 것은 불가능했다. 문제는 피아노뿐이 아니었다. 긴 이동과 불면으로 키스 재럿은 심각한 허리 통증을 느끼고 있었고, 억수같이 내리는 비 때문에 공연장 내부의 소리가 울리기까지 했다.

완벽주의자로 유명한 재럿은 피아노의 상태를 보고 불같이 화를 내며 사태를 해결하지 않으면 공연을 취소하겠다고 말했다. 사실 꼭 완벽주의자가 아니어도 연주 자체가 어려울 만큼 피아노의 상태는 형편없었다. 열일곱이라는 어린 나이로 콘서트 기획을 담당했던 독일 학생 베라 브란데스Vera Brandes 또한 공연을 할 수 없다는 재럿의 입장을 이해했다. 애초에 피아노를 제대로 준비하지 못한 것은 자신의 실수였기 때문이다. 그러나 취소의 결과를 감당할 수 없었던 베라는 키스 재럿을 설득했고, 결국 재럿은 예정대로 공연을 진행하기로 했다. 기술자들이 투입되어 남은 시간 동안 피아노를 손봤다. 재럿은 허리 통증을 완화하기 위해 보호대를 착용했다. 오페라 공연이 끝난 후인 밤 11시 30분, 재럿은 마침내 무대에 올랐다.[21]

당시 재럿이 처한 상황은 연주가에게는 그야말로 악몽과도 같은 상황이었다. 그러나 놀랍게도 그날의 공연은 역대 최고의 공연

―――――― 21) https://www.udiscovermusic.com/stories/koln-concert-keith-jarrett/

이 되었다. 이날 진행된 키스 재럿의 쾰른 콘서트는 현재까지도 전설적인 공연으로 회자되고 있으며, 콘서트 앨범은 400만 장 이상 팔려나가 역대 최고의 베스트셀러로 자리 잡았다. 당시 공연을 직접 본 사람들은 지금까지도 그 기묘하고 마법 같았던 경험을 이야기하곤 한다. 이 모든 일이 어떻게 가능했을까?

재럿이 마주했던 모든 제약은 그날의 연주를 걸작으로 만드는데 일조했다. 《메시: 혼돈에서 탄생하는 극적인 결과Messy: The Power of Disorder to Transform Our Lives》의 저자인 팀 하포드Tim Harford는 샹커 베단텀이 진행하는 NPR 팟캐스트 프로그램 〈히든 브레인〉에 출연해 이렇게 말했다.

> 엉망인 피아노 상태를 극복하기 위해 취한 조치 하나하나가 그날의 연주를 더 멋지게 만들었습니다. 재럿은 깽깽거리는 고음부를 피하기 위해 중간 톤을 최대한 활용해야 했죠. 그 덕에 전체적인 사운드의 톤이 부드러워졌습니다. 재럿은 또한 소형 피아노의 작은 소리를 극복하고 공명을 만들어내기 위해 반복적인 베이스 리프를 활용했습니다. 자리에서 벌떡 일어나 온몸으로 건반을 찍어 누르듯 연주하기도 했죠. (…) 그 부드러움과 역동성이 조화를 이루며 듣는 이에게 전율을 주는 명

연주가 탄생했습니다. 상태가 엉망인 피아노로 그렇게 놀라운 연주가 가능하다는 건 재럿 자신도 몰랐을 겁니다. 그러나 결과적으로는 엄청난 연주가 나온 거죠. 제 책의 결론은 이겁니다. 우리도 살면서 재럿과 같이 '연주가 불가능한 피아노'를 만날 때가 있고, 때로는 바로 그 고장 난 피아노가 위대한 결과를 낸다는 점입니다.[22)]

이 이야기가 우리에게 주는 교훈은 명확하다. 제약이 걸작을 만들 수도 있다는 것이다. 다만 제약이 걸작의 원동력이 되기 위해서는 그것을 극복하겠다는 우리의 의지가 반드시 필요하다. 재럿이 한계에 도전하도록 만든 것은 엉망인 피아노로 인한 제약이었다. 그러나 그 한계를 극복하려는 시도를 한 것은 분명 재럿의 선택이었다.

팀 하포드는 난관 자체보다 그 난관에 어떻게 반응하는지가 더 중요하다고 말한다. 나 또한 하포드의 주장에 동의한다. 유투U2, 콜드플레이Coldplay 등과도 함께 작업한 적 있는 데이비드 보위David Bowie 같은 뮤지션은 창조적 과정을 촉진하기 위해 일부러 시간이

---

22) https://www.npr.org/templates/transcript/transcript.php?storyId=542091224

나 자원에 제약을 두기도 했다. 하포드는 이렇게 말한다. "갑자기 나타난 난관으로 주의력이 높아질 때 어떤 해결책이 나타나기도 합니다. 모든 것이 완벽하고 편안하게 정리되어 있을 때 우리는 자동 모드로 움직입니다. 자신이 현재 속해 있는 순간을 의식하거나 주의를 기울이지 않죠. 그게 우리의 문제일 수도 있습니다."

나 또한 워크숍을 진행하거나 창의적 문제 해결이 필요할 때 하포드가 예로 든 창의 전략을 활용하기도 한다. 워크숍에서는 참가자들에게 해결이 필요한 문제를 제시한 후 시간이나 활용 가능한 자원 등에 제약을 두어 그들이 빠르게 창의적 사고로 돌입할 수 있게 한다. 그런 워크숍을 진행할 때마다 느끼지만, 시간과 자원의 제약이 클수록 참가자들은 다른 사람의 평가를 의식하지 않고 더 많은 아이디어를 내놓는다. 그 경험이 어땠는지 물으면 참가자들은 종종 "촉박한 시간 안에 해결해야 한다고 생각하니 평소라면 말도 안 된다고 생각했을 엉뚱한 아이디어들을 적어낼 수 있었어요"라고 말한다.

그런데 한 가지 명심할 것이 있다. 당연한 말이지만, 의도적인 제약이 무조건 걸작의 탄생으로 이어지지는 않는다는 점이다. 키스 재럿의 연주 같은 걸작이 탄생하기 위해서는 제약뿐 아니라 폭넓은 지식과 상상력이 함께 작용해야 한다. 재럿이 그렇게 멋진 연주를 펼칠 수 있었던 것은 그가 풍부한 지식과 경험을 즉흥적으로 활용할 능력을 지니고 있었던 덕이다. 재럿을 가로막은 제약이 일종의 임계점으로 작용한 것이다.

창의성을 위한 똑똑한 제약: 직장 편

우리에게 닥치는 제약과 난관은 모두 다르다. 그렇기 때문에 각각에 대한 접근법 또한 달라질 수밖에 없다. 결정 피로에 빠지지 않기 위해서는 미리 자신의 내면을 들여다보며 성향을 파악하고, 제약을 더 편안한 마음으로 맞이할 방법을 배우는 것이 중요하다.

책의 앞부분에 이미 언급한 바와 같이, 난관에 더 잘 대응하기 위해서는 자신에 대한 성찰이 필수적이다. 예고도 없이 임박해서 닥치는 요청이나 변경, 시간제한을 싫어하는 성향이어도 괜찮다. 갑자기 닥치는 제약과 치열하게 싸우는 과정을 태양 아래 휴가처럼 즐겨야 한다고 말하는 것이 아니다. 다만 자신의 그런 성향을 미리 파악해두는 것은 중요하다. 그렇게 해야만 난관이 닥쳤을 때 수동적으로 반응하기보다는 적극적으로 대응할 수 있기 때문이다.

제약에 대한 자신의 성향을 파악하기 위해서는 다음의 3단계를 따라 해보자.

우선 가장 최근 직장에서 제약이나 난관 때문에 스트레스를 받았던 상황을 다섯 개 정도만 떠올려보자. 그런 다음 종이를 꺼내 당시의 상황을 자세하게 적어보자. 그 일에 관련된 인물은 누구였는가? 언제 발생한 일인가? 원인은 무엇이었는가? 어떻게 전달되었는가? 그 일이 왜 일어났는가? 어떻게 반응했는가? 어떤 부분에서 스트레스를 느꼈는가?

모든 것을 적은 후에는 반복되는 패턴을 찾아보자. 기록한 내용을 솔직한 마음으로 살피며 당시의 상황을 떠올리다 보면 아마도 공통점을 발견할 수 있을 것이다. 특정한 시간대나 인물, 상황이 연관되었을 수도 있다. 너무 뻔한 내용이다 싶어도 일단 적어보자. 솔직해야 한다. 그래야만 어떤 제약이 특히 스트레스를 유발하는지, 그리고 그에 대한 당신의 습관적인 반응이 무엇인지 파악할 수 있다. 패턴을 찾았는가? 이 단계를 거치지 않으면 다음에 유사한 상황이 닥쳤을 때 당신의 대응을 조정하거나 제대로 대비할 수 없다.

마지막으로 찾아낸 패턴을 유심히 관찰한 후 그중 당신이 바꿀 수 있는 것이 무엇인지 찾아본다. 필요하다면 제약을 더 잘 활용하기 위해 동료와 작업하는 방식을 조정해보는 것도 좋다. 핵심은 소통과 변화다. 자신의 성향을 알고 스트레스 요인을 파악하는 것도 중요하지만, 인식에 변화를 주거나 소통을 통해 그 상황을 바꾸기 위한 행동을 취하지 않는다면 결국은 또다시 제약이 주는 피로에 빠질 수밖에 없기 때문이다.

내 이야기로 한번 예시를 들어보겠다.

어떤 제약이 내가 가장 스트레스를 주는지 숙고해본 결과, 나는 세 가지 패턴을 발견했다. 첫째는 마감기일이나 자원의 한계, 업무 범위의 변경 같은 새로운 제약이 내가 그때까지 심혈을 기울여 진행한 기존 업무의 성과에 직접적인 영향을 주는 경우였다. 갑작스러운 변화 때문에 기존 업무에 최선을 다할 수 없다는 생각은 나를 불안하게 만들었다. 이런 상황이 닥치면 내 잘못이 아닌데도 비난을 받을까 봐 두려웠고, 업무에 지장이 없도록 하기 위해 결국 야근을 해야 할지도 모른다는 생각에 우울했다.

두 번째는 명확한 설명 없이 부과되는 제약이었다. 업무에 미치는 영향도 영향이었지만, 그런 상황은 내게 소외감을 주었다. 갑자기 주어진 시간적 제약에 아무런 설명이 없는 경우도 있었고, 사용하던 자원이 갑자기 회수되었는데 왜인지 알 수 없는 경우도 있었다. 이유를 알 수 없는 상황에서 갑자기 부과된 제약은 나를 당황하게 만들었고, 내 문제 해결 능력을 약화시켰다.

마지막은 내가 실무자로서 내놓은 제안과 정면으로 배치되는 제약이 상부 경영진에서 내려오는 경우였다. 그런 경우 시간과 노력을 들여 굳이 아이디어를 내놓은 이유가 무엇인지 회의감이 들었다. 그런 경험은 나로 하여금 새로운 아이디어를 내놓는 데 소극적으로 대응하도록 했다. 내가 심사숙고한 의견을 듣거나 반영할 생각이 없는데 굳이 힘들여 아이디어를 내놓을 필요가 없다는 생각이 들었다.

왠지 익숙한 이야기들인가? 그렇다. 안타깝게도 조직의 종류와 상관없이 많은 직장인들이 비슷한 경험을 한다. 나는 앞서 언급한 세 가지 패턴을 파악하며 소통과 명확성, 신뢰의 중요성을 다시금 깨달았다. 소통과 명확성, 신뢰가 결여된 경우에는 모든 난관과 제약이 훨씬 더 괴롭게 느껴졌다. 그러나 그 세 가지 요소가 잘 갖춰진 경우에는 난관이 닥쳐도 그렇게까지 괴롭지 않았다. 오히려 열심히 운동한 후 찾아오는 자연스러운 근육통처럼 좋은 느낌이 드는 경우도 있었다.

나는 저 세 가지 패턴에 대해 불평만 하기보다는 개선을 위한 행동에 나섰다.

우선 나는 내 생각을 알리고 상사의 관점을 더 잘 이해하기 위

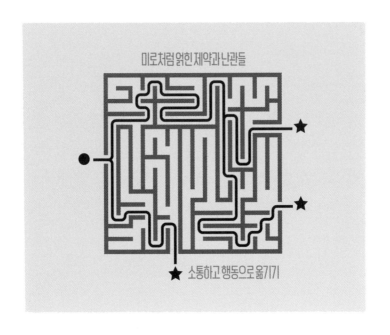

미로처럼 얽힌 제약과 난관들

소통하고 행동으로 옮기기

해 면담을 요청했다. 나는 상사와 내가 모두가 만족할 수 있을 만한 방식으로 소통하기 위해 우리가 취할 수 있는 구체적인 행동이 무엇일지 조언을 구했다. 가장 중요한 것은 우리가 서로를 더 신뢰하기로 약속했다는 점이다. 나는 상사가 제시하는 제약에 부정적으로 반응하기보다는 그 결정에 타당한 이유가 있으리라는 사실을 신뢰하기로 했다. 물론 한 번의 면담으로 완벽한 신뢰 구축이 이뤄지지는 않았지만, 그 면담에서 쌓은 신뢰를 바탕으로 우리의 생산성과 협력은 차츰 눈에 띄게 개선되었다.

나는 필요한 경우 큰 그림에 대한 납득할 만한 설명을 요청했고, 추가적인 제약이 도입될 때면 그 이유를 묻기 시작했다. 이때 중요한 것은 태도다. 상사든 동료든, 상대가 어떤 업무를 특정한 방식으로 처리하는 이유를 더 잘 이해하고자 하는 태도를 가지면 새로운 해결책을 이해하고 만들어가는 데 도움이 된다.

또한 나는 반응과 결정에 시간적 여유를 가지게 되었다. 결과물을 신속하게 내놓는 것도 중요하지만, 그저 빨리만 내놓는 결과물은 깊은 이해를 바탕으로 만들어낸 결과물과 다를 수밖에 없다는 것을 배웠기 때문이다. 5분 정도의 짧은 시간이라도 제약이 만들어진 이유를 생각하고 이해한 후 일을 진행했을 때 나와 동료들은 그에 대한 해결책을 더 폭넓게 고려할 수 있었다.

한 번의 회의나 면담으로 모든 것이 해결된 것은 아니다. 그러나 우리는 지속적인 노력을 통해 신뢰의 바탕을 찾고 어려운 문제를 함께 해결하기 위한 새로운 방법을 모색할 수 있었다. 상사나 동료, 인턴이 찾아올 때까지 기다리지 말고 먼저 주도적으로 다가가 문제를 함께 해결하고자 하는 자세를 보인다면 상대 또한 고맙게 생각할 것이다.

조직 창의성의 기반은 리더의 지지

조직에서 리더의 위치에 있는 사람이라면 팀을 관리하고 팀원들과 소통하는 데 앞서 든 예시들을 염두에 두는 것이 좋다. 당신은 소통과 신뢰를 구축하기 위해 어떤 적극적인 노력을 기울이고 있는가? 사실 바쁘게 돌아가는 업무 환경에서 매번 팀원을 한 명한 명 만나 대화하기는 쉽지 않다. 그러나 그런 노력을 일종의 투자로 보는 마음가짐을 갖는 것이 중요하다. 팀의 리더가 팀원들의 뒤에 있다는 것을 알면, 그리고 팀원들 서로가 서로를 지지하고 있다는 것을 알면 어려운 시기가 와도 훨씬 수월하게 헤쳐나갈 수 있다. 평소에도 팀원들에 대한 지지를 잘 표현하고 이를 행동으로 보여줘야 한다. 당신은 팀원들을 지지하기 위해 무엇을 하고 있는가? 조직이 그러한 문화를 조성하도록 돕기 위해 어떤 일을 하고 있는가? 팀원이 부당한 비난을 받을 때 망설임 없이 나서서 팀에 대한 확고한 지지를 표현하는가? 리더로서 당신의 모든 행동은 중요하다. 우리는 결국 모두 인간이며, 거기에는 당신도, 당신의 팀원도 포함된다.

개인과 마찬가지로 기업 또한 난관이 닥쳤을 때 나타나는 조직의 생리를 예상하고 미리 파악해두어야 한다. 조직으로서 감당하기 어려운 제약은 무엇인가? 감당할 수 있는 손실은 어디까지인가? 위기가 닥치기 전에 어떤 난관과 제약을 감당할 수 있고 어떤 것은 감당하기 어려운지 미리 파악하면 그에 대한 대비책을 세우고 조직의 구성원에게 미리 숙지시킬 수 있다. 모든 난관이 긴급 상황은 아니며, 또 그렇게 취급해서도 안 된다. 그랬다가는 구성원 모두가 매일 극도의 압박에 노출될 것이며, 머지않아 지쳐 소진될 것이다. 늑대가 나타났다고 자꾸만 다급하게 외치던 양치기 소년을 떠올려보자.

언제나 뒤를 든든히 받쳐주는 조직, 구성원에게 창의적 환경을 보장하는 조직에서 일하는 사람들은 어떤 난관에도 활기차게 임할 수 있다.

조직을 이루는 구성원이야말로 조직의 가장 큰 자원이라는 점을 명심해야 한다. 직원들이 일터에 오는 것을 즐거워하는가? 아니면 주말만 바라보며 일하는가? 조직에 난관이 닥쳐올 때 직원들이 한마음으로 문제를 차근차근 해결해나가는 것을 즐거워하는가?

구성원들과 함께 난관을 겪어내고 해결해내는 기업이 되어야 한다. 함께 가면 멀리 갈 수 있다.

지금까지는 잘 해내고 있는가?

다음의 질문들을 통해 이번 장의 내용을 다시 정리해보자.

- 나는 직무상 발생한 난관에 어떻게 반응하는가? 그렇게 반응하는 이유는 무엇인가? 다음에 어려움이 닥칠 때 어떻게 하면 호기심과 열린 마음으로 접근할 수 있을까?
- 창의성을 강화하기 위한 제약 환경 조성을 어떻게 연습할 수 있을까?
- 조직·팀·부서 전체로서의 창의성을 강화하기 위해서는 어떤 제약을 만들어볼 수 있을까?
- 현재 나의 위치에서 최선의 창의성을 발휘하기 위해 잠시 멈추고 휴식을 취하며 나를 돌아볼 시간을 만들 수 있는 방법은 무엇일까?
- 팀장으로서 팀원들의 결정 피로를 방지하기 위해 할 수 있는 일은 무엇일까? 팀원들이 번아웃이나 결정 피로로 지친 경우, 어떤 도움을 줄 수 있을까?
- 기업이 평가에 대한 두려움 없이 제약에 대응할 수 있는 연습 기회를 직원들에게 제공할 방법은 무엇일까?

● 핵심 정리

1. 난관과 제약을 있는 그대로 받아들이고, 문제 해결 능력과 창의성 발휘의 기회로 보라.

2. 주어진 과제 해결에 의도적으로 시간이나 자원의 제약을 두면 창의성을 의식적으로 연습할 수 있다.

3. 한 발짝 물러나 쉬어야 할 때가 언제인지를 잘 파악하라.

진짜 나를 아는 것이 힘이다
The Power of Knowing Your True Self

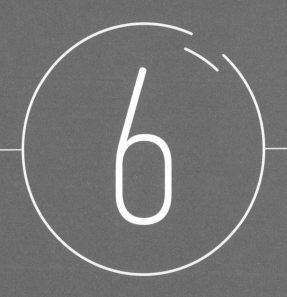

6

"남을 아는 것은 지知, 스스로를 아는 것은 명明이다."

✦ 노자老子 -철학자, 작가 ✦

Rethink
Creativity

자신의 조직이 창의적이지 않고 성과가 뛰어나지 않다며 불평하는 고객을 만날 때면 나는 손무孫武의 《손자병법孫子兵法》에 나오는 다음과 같은 구절을 떠올린다.

적을 알고 나를 알면 백번을 싸워도 위태로움이 없고,

적을 모르되 나를 알면 한 번 이기고 한 번 지며,

적도 모르고 나도 모르면 매번 싸움마다 위태롭다.

이 구절에서 손무가 이야기하는 것은 자기 성찰의 힘이다. 《손자병법》은 제목이 보여주듯 병법에 대한 책이지만, 그 내용은 우리 삶에도 충분히 적용할 수 있다. 문제가 발생했을 때 더 효과적인 해결책을 찾기 위해서는 평소에 자신의 강점과 약점, 습관을 파악하고 스트레스와 즐거움의 유발 요인을 미리 알아둬야 한다. 그래야만 자신이 지닌 모든 통찰과 가능성을 활용할 수 있기 때문이다. 마찬가지로, 직면한 난관에 대해 더 잘 알수록 문제를 더 잘 해결할 수 있다. 자기 성찰은 창의적 마음가짐에도 필수적인 요소다. 자신에 대해 안다는 것은 영감을 위해 필요한 것이 무엇인지, 피해야 할 것이 무엇인지, 창의성을 최대한 발휘하기 위해 언제 쉬어야 할지를 알고 있다는 의미기 때문이다.

안타깝게도 대부분의 성인은 자신을 깊이 들여다보지 않으며, 자신이 지닌 잠재력을 다 알지 못한 채 살아간다. 자신을 잘 모르는 리더들은 종종 조직이나 가족을 위험에 빠뜨리는 결정을 내리곤 한다.

예술가 캔디 창Candy Chang[23]이 2011년 뉴올리언스에서 시작한 '죽기 전에 나는Before I Die'이라는 공공 예술 프로젝트는 자신을 돌아보는 것이 얼마나 중요한지를 일깨워준다. 사랑하는 사람을 잃은 캔디 창은 후회 없이 사는 삶의 중요성을 일깨우고자 했

23) 캔디 창의 활동에 대해서는 www.candychang.com과 https://www.ted.com/talks/candy_chang_before_i_die_i_want_to에서 더 자세히 읽어볼 수 있다.

다. 그녀는 버려진 집의 외벽을 칠판으로 꾸미고 '죽기 전에 나는 _____를 하고 싶다'는 문장을 가득 찍어놓았다. 단 하루 만에 빈집의 외벽은 거리를 지나던 사람들의 정직한 고백으로 채워졌다. 모두 자신이 하지 못한 일에 대한 후회를 담은 내용이었다. 캔디 창의 프로젝트는 우리가 얼마나 자주 두려움을 동인으로 움직이는가를 보여주는 동시에 우리에게 아직 희망이, 시간이 남아있음을 일깨워준다. 잠시 시간을 들여 자신이 가진 후회를 돌아보는 행동은 우리를 앞으로 나아가게 하는 강력한 도구가 되어주기도 한다. 캔디 창의 프로젝트는 전 세계 400여 개의 벽으로 확대되었고, 각각의 프로젝트는 수많은 사람들에게서 비슷한 메시지를 이끌어냈다. 그만큼 많은 사람들이 매일을 후회 속에 살고 있다는 의미며, 많은 이들이 진정 바라는 것, 원하는 것을 하지 못하고 있다는 의미다.

당신은 어떤가? 임종의 순간 자리에 누워 인생을 돌아볼 때 후회와 만족감 중 어느 감정이 더 강하게 들 것 같은가? 우리는 어떻게 하면 스스로를 더 잘 파악하고 '진정한 나'를 알아갈 수 있을까?

만약 누군가가 과거의 나에게 "후회 없이 살고 있는가?"라는 질문을 던졌다면 나는 조금도 망설이지 않고 그렇다고 답했을 것이다. 나는 매일을 꽉 채워 사는 사람이었고, 나 자신을 잘 알고 있다고 생각했다. 나는 계획적인 사람이고, 내 삶을 부지런히 기록했다. 미래에 대한 계획도 분명했으며, 내가 원하는 미래에 가까이 다가가기 위해 모든 노력을 기울이고 있었다. 그러나 그 과정에서 나는 내가 살고 있는 순간, 즉 현재의 즐거움을 놓치고 있었다. 커리어와 성과에만 집중했던 나는 나의 오늘을 오직 내일을 위해서만 쓰고 있었다. 늘 최고의 하루를 보내기 위해 노력했지만, 그 노력은 내가 살고 있는 하루를 위한 것이 아니었다는 의미다. 나는 열심히 일하는 법만 알았지, 열심히 노는 법은 몰랐다. 노는 게 중요하다는 것도 몰랐다.

학교에 다닐 때 누군가 던진 "취미가 뭐예요? 시간 날 때 즐기는 게 있나요?"라는 질문에 꽤 오랫동안 답을 못하고 망설였던 기억이 있다.

그날 밤 집에 걸어오는 내내 그 질문이 생각났다. 그냥 재미있어서 뭔가를 해본 게 언제였는지, 이력서를 채우기 위해서가 아니라 그냥 좋아서 뭔가를 했던 게 언제였는지 기억도 나지 않았다. 나는 내가 하는 행동의 동기를 낱낱이 해부하기 시작했다. 소셜 미디어에 기사를 하나 공유할 때도 '좋아요'를 받고 싶어서 공유하는지, 아니면 정말로 그 기사의 내용을 나눔으로써 뭔가를 표현하고 싶어서 공유하는지 동기를 들여다보았다. 별로 좋아하는 직무가 아닌데도 이력서에 써넣으면 근사해 보일 직책이라서 제안을 수락하는 게 아닌지, 다른 사람의 기대에 맞춰 내 인생을 살아가고 있는 것은 아닌지 고민했다.

나이가 더 들면서는 삶에 진지하게 임해야 한다는 생각이 강해지면서 단순히 좋아서 하는 일에 시간을 내는 데는 더 인색해졌다. 완벽한 커리어로 가는 길에 취미가 방해가 되는 것을 원치 않았다. 그때는 깨닫지 못했지만, 그것은 나로 하여금 내 진정한 자아, 창의적 자아에서 한 걸음 멀어지게 하는 선택이었다. 내게 영감과 동기, 에너지를 주는 것이 무엇인지 제대로 탐색해보지도 않고 어떻게 충만하고 만족스러운 삶을 살 수 있겠는가?

나중에 가서야 알게 된 일이지만, 좋아하는 가수, 책, 여행지, 레스토랑을 파악하는 것은 내가 좋아하는 의사소통과 프로젝트 진행 방식, 협력 방식을 파악하는 데도 도움을 주었다. 내가 필요로 하고, 원하고, 좋아하는 것을 이해함으로써 나는 나의 업무 방식을 나의 동료와 멘토, 상사에게 더 잘 표현하고, 이해시키고, 협력을 구할 수 있었다. '매 순간을 최선으로 만들겠다'는 자세는 난관에 부딪혔을 때 소진을 막고 예상치 못한 곳에서 새로운 답을 찾게 해주었다. 무엇보다 나는 내가 누군지 알게 됨으로써 나를 더 잘 표현하고 드러낼 수 있게 되었다. 혼자만의 생각에 갇히는 일도 줄었고, 모두가 나를 평가하고 있다는 불안감도 점점 사라졌다. 결국 내 발전을 평가할 수 있는 사람은 나뿐이라는 깨달음 덕분이었다.

> 아는 사람은 좋아하는 사람만 못하고, 좋아하는 사람은 즐기는 사람만 못하다 知之者 不如好之者 好之者 不如樂之者
> ― 공자孔子

공자의 말은 즐거움이 무엇인지 머리로 아는 것보다 실제로 인생을 즐기는 것이 훨씬 더 단순하면서도 큰 힘을 발휘한다는 것을 잘 보여준다. 일에 모든 열정을 아낌없이 쏟아내는 예술가, 리더, 강연자의 모습은 늘 내게 큰 영감을 준다. 기쁨에 차서 뭔가를 창조해내는 그들의 모습은 전염성을 지니고 있어서, 그 모습을 보기만 해도 내가 그들과 같은 장소에 있는 것처럼 느껴지게 만들며 나를 미소 짓게 한다. 사실 꼭 예술이나 연설일 필요는 없다. 어떤 작업이든, 진심으로 즐겁게 진행한 일이라면 그 마음이 결과물에 그대로 드러난다. 그렇게 탄생한 창조물은 우리에게 기쁨과 영감을 준다. 그런 의미에서 진심과 즐거움은 강력한 도구가 아닐 수 없다.

당신은 어떤가? 매 순간에 진심과 열정을 담고 있는가? 최근에 뭔가에 너무 즐겁게 몰두한 나머지 시간 가는 줄도 몰랐던 적이 있었는가? 리더로서, 팀원들이 에너지가 충만한 모습으로 출근해 일에 온전히 몰입하는 모습을 마지막으로 본 것은 언제인가?

자신의 초능력을 알고 있는가?

핵 비확산 전문가로 일하던 시절, 새로운 팀의 첫 회의에 들어 갔을 때, 강점이 뭐냐는 질문을 받았다. 나는 선뜻 답하지 못하고 망설였다. 한국과 미국의 문화권을 오가며 자란 나는 강점보다는 약점을 숙고하는 데만 익숙했다.

내가 진짜 잘하는 것이 무엇인지는 확실히 말할 수 없었지만, 내가 어려워하는 부분이 무엇인지는 알았다.

내가 파악한 내 약점은 수학, 암기, 그리고 과학이었다. 그래서 핵 비확산 안보 전문가로 일하던 시절 나는 핵무기와 관련된 숫자 와 날짜, 역사적·과학적 정보에 대해 늘 남들보다 더 주의를 기울 였다. 워싱턴주 리칠랜드에 있는 원자로 시설에 견학을 갔을 때는 동료 중 한 명이 B리액터B Reactor[24)]와 핵폭탄 개발에 관한 통계와 역사적 사실을 척척 읊는 것을 보고 나와는 너무 다른 모습에 깜짝 놀라기도 했다. 나는 시각적 기억을 주로 활용하는 편이었고, 구체적인 숫자나 날짜를 기억하는 데는 약했기 때문이다. 다시 회의 이야기로 돌아가 보자. 회의에 참석한 상사와 동료들은 팀원 각자의 강점과 약점을 파악해 더 나은 협업 방식을 찾고자 했다. 그러나 나는 내 강점을 선뜻 말하지 못했다. 내가 진짜로 잘하는 게 뭐지? 내가 뭔가를 정말 잘하는지 아닌지 어떻게 알 수 있지?

《건강한 마음을 위한 도구상자The Healthy Mind Toolkit》[25)]의 저자 앨리스 보이스Alice Boyes는 인지 행동과 사회 심리에 관한 연구에서 우리가 자신의 강점을 잘 알지 못하는 역설을 설명했다. 보이스는 우리가 스스로에게 너무 엄격한 것이 문제의 발단일 수도 있다고 말했다. 자신의 강점을 강점이라고 생각하지 않는다는 것이다. 열심히 노력해서 어떤 결과물을 만들어냈다고 가정해보자. 사람들은 모든 일이 완료된 후 결과만을 보기 때문에 우리를 대단하게 본다. 그러나 그 일을 직접 한 우리는 그 작업에 들어간 엄청난

24) 1940~60년대 워싱턴주 리칠랜드에서 운용된 핵 시설로 현재는 역사 유적으로 전환되었다.-역자 주

25) https://www.psychologytoday.com/us/blog/in-practice/201809/6-reasons-its-hard-see-your-own-strengths

노력과 단계를 알기 때문에 대단하다는 생각을 잘 하지 못하는 경향이 있다. 보이스 박사는 심리학 학술지 〈사이콜로지 투데이 Psychology Today〉와 진행한 인터뷰에서 이렇게 말하기도 했다. "본인 입장에서 자연스럽게 해내는 것들에 관해 그걸 강점이라고 생각하지 못하는 경우도 많습니다. 주변에서 말해주기 전까지는 잘 느끼지 못하죠. 별로 어렵지 않게 하는 일이다 보니 그걸 해내지 못하는 상황을 상상할 수가 없는 것입니다."

내가 이력서나 자기소개서를 작성할 때 내 강점을 선뜻 쓰지 못했던 것도 아마 비슷한 이유일 것이다. 약점을 찾아 개선하는 데만 집중해왔는데, 갑자기 강점을 설명하라니 막막하게 느껴졌다. 나도 나의 강점을 더 잘 파악하고 싶었지만, 사실 강점을 생각할 만한 기회가 별로 없었다. 자신을 내세우거나 자랑하는 것보다는 겸손과 조화를 미덕으로 삼는 한국 문화에서 자란 것도 한몫했다. 겸손하고 공손한 태도를 유지하면서 동시에 강점을 자랑하는 것은 쉬운 일이 아니니 말이다.

나는 강점에 대한 답을 찾기 위해 우선 편안한 마음으로 내 감정을 이해하고, 말로 표현하고, 타인의 감정을 듣는 것에 익숙해지고자 노력했다. 나는 나 자신을 돌아보고 평가하며 내가 누구인지, 한 개인으로서, 그리고 리더로서 어떤 사람이 되고 싶은지 성찰하는 데 오랜 시간을 보냈다. 지름길은 없었다. 인간으로서 내가 어떤 사람인지 더 깊이 파고들수록 강점을 찾는 여정이 조금씩 풀려갔다. 이제 나는 내 강점을 자신 있게 말할 수 있다. 내 강점은 다른 사람과의 소통 능력, 창의적 연결 능력, 그리고 아이디어를 현실화하는 능력이다. 강점을 더 잘 이해하게 되면서 직장에서의 일은 물론 개인적인 삶에 대한 만족도 또한 증가했다. 그리고 나는 여전히 내가 누구인지, 무엇을 잘하는지, 어떻게 하면 강점을 더 살릴 수 있는지 더 잘 알기 위해 꾸준히 노력하고 있다.

도널드 클리프턴Donald Clifton과 톰 래스Tom Rath가 《위대한 나의 발견 강점 혁명StrengthsFinder 2.0》에서도 말했듯 "강점을 발견하는 것은 업무 성과와 함께 개인적인 성장 또한 촉진한다. 강점 파악은 직장인으로서뿐 아니라 한 개인으로서도 최선의 삶을 살게 해준다."

《좋은 기업을 넘어 위대한 기업으로Good to Great》의 저자 짐 콜린스Jim Collins는 이것을 비즈니스 관점에서 설명했다.[26] 콜린스는 좋은 기업과 위대한 기업을 가르는 차이로, 기업이 자기 조직의 강점

---

26) 짐 콜린스는 미국 경영 분야의 베스트셀러 《좋은 기업을 넘어 위대한 기업으로》의 저자다. 콜린스는 28개 기업의 사례를 5년 동안 연구해 '좋음'을 뛰어넘어 '위대함'으로 가는 기업의 특징을 분석했다. '고슴도치 개념'은 콜린스의 책에 등장하는 개념으로, 관련 내용은 다음의 링크에서 더 자세히 읽어볼 수 있다. https://www.jimcollins.com/concepts/the-hedgehog-concept.html

152 새로운 생각은 어떻게 나를 바꾸는가

을 파악하고 있는지 여부를 꼽았다. 자기 조직의 열정을, 가장 잘할 수 있는 일을, 그리고 조직을 움직이는 원동력을 알고 있는 기업만이 위대한 기업이 될 수 있다.

다시 말해, 위대한 기업은 자신의 초능력이 무엇인지 안다. 고대 그리스의 한 시인은 "여우는 사소한 것을 많이 알지만, 고슴도치는 중요한 것 한 가지를 안다"고 말했다. 짐 콜린스는 '어지럽고 산만하며 일관성 없는' 여우형 기업보다 고슴도치형 기업이 더 큰 성공을 거둔다는 점을 발견했다. 한 조직의 문화가 여우형에 가까운지 고슴도치형에 가까운지는 그 조직을 이루는 사람에 달려 있다. 모두가 자신의 강점과 약점, 그리고 동기를 잘 파악하고 있는 직장이 어떤 모습일지 상상해보자. 그런 조직에서라면 당신의 강

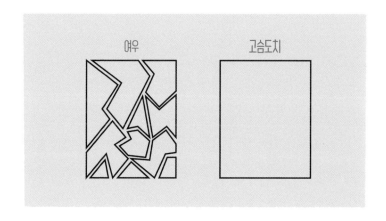

점, 나아가 팀의 강점을 더 강화할 방법 또한 쉽게 찾을 수 있을 것이다. 그 반대의 경우라면? 아마도 '어지럽고 산만하며 일관성 없는' 여우형 팀에서 당장 눈앞에 닥친 단기적 문제와 씨름하느라 자원을 낭비하는 한 마리 여우가 될 수밖에 없을 것이다.

자, 당신은 어떤가?

- 당신은 자신의 초능력이 무엇인지 알고 있는가?
- 당신은 자신이 속한 팀의 초능력이 무엇인지 알고 있는가?

혹시 질문에 바로 답하지 못하고 망설였는가? 그래도 너무 걱정할 것은 없다. 답이 바로 나오지 않았다고 해서 강점이 없다는 의미는 아니기 때문이다. 그보다는 그동안 자신을 돌아보고 이해하는 데 시간을 충분히 투자하지 못했다는 의미에 가깝다. 이는 노력을 통해 얼마든지 개선할 수 있는 문제다. 우리는 자신의 강점을 찾는 과정에서 동료나 팀원들과의 진솔한 대화를 통해 팀의 강점을 찾는 것 또한 도울 수 있다. 우리는 모두 초능력을 지니고 있다. 단지 그 능력이 무엇인지 생각하고, 구체화하고, 설명할 시간이 부족했을 뿐이다. 우리 중 일부는 아직 자신의 진정한 초능력을 발견하지 못했을 수도 있다. 약점에만 치중하느라 강점을 갈고닦는 데 신경 쓰지 못하면 창의적 자아를 제대로 활용할 수 없다. 최선의 창의적 자아를 찾기 위해서는 아주 깊은 내면까지 들여다보아야 한다.

직장에서의 창의적 탁월성 다시 생각하기

문제는 우리의 100퍼센트 자아가 직장이 요구하는 탁월성과 늘 일치하지는 않는다는 점이다. 모두가 자신의 자아와 맞는 직업을 가진 것도 아니고, 강점을 100퍼센트 활용할 수 있는 팀에 속한 것도 아니다. 자아와 맞는 일을 생각하는 것 자체가 사치인 사람들도 있을 것이다. 사실 나도 그게 어떤 기분인지 잘 안다. 나는 정부 계약자로서 핵 비확산 분야에서 일했다. 분야가 분야니만큼 창의성을 마음껏 발휘할 수 있는 곳은 아니었다. 나는 가장 단순하고 일상적인 업무에서 나의 100퍼센트를 이끌어낼 방법을 찾기로 했다. 엑셀 파일 정리나 이메일 보내기, 회의 같은 정말 일상적인 업무에서 말이다. 그런 시도는 업무에 대한 내 감정을 크게 바꿔주었다. 분명 아주 작은 시도였지만, 그런 의도적인 시도들은 큰 효과를 발휘했다.

엑셀 작업 같은 지루한 작업을 하면서도 어느새 속으로 노래를 흥얼거리는 내 모습에 나도 놀랐다. 업무 하나하나에 나의 100퍼센트를 발휘하는 데 집중하자 모든 것이 훨씬 흥미롭게 느껴졌다. 시간을 들여 창의적 마음가짐을 가지고 일하니 지루하거나 무의미하게 느껴지는 업무가 없었다. 모든 순간이 모험으로 느껴졌고, 모든 난관이 나의 손길을 기다리는 퍼즐처럼 느껴졌다. 그 결과 내 업무 성과는 점점 더 탁월해졌고, 나는 더 많은 가치를 창출할 수 있었다. 단지 내 하루의 모든 순간을 최대한 잘 활용하는 데 집중했을 뿐인데 말이다.

팀장으로서 당신은 모범을 보여 사무실에서 일이 진행되는 방식을 바꿀 수 있다. 그 변화를 통해 팀원들의 창의성과 진정한 자아를 100퍼센트 이끌어낼 수 있는 안전한 환경을 만들 수 있다. 하지만 그렇게 하기 위해서는 우선 자기 자신을 알고, 앞장서서 자신의 진정한 모습을 보여줘야 한다. 팀 내에서 회의할 때 진솔한 모습을 보이고 유머를 활용하는 것도 좋은 시작이 될 수 있다. 안건을 처리하는 것도 물론 중요하지만, 팀원들에게 당신을 더 잘 알아갈 수 있는 기회를 주는 것 또한 그에 못지않게 중요하다. 그렇게 할 수 있다면 팀원들 또한 마음을 열고 편안하게 자신을 드러낼 수 있을 것이다.

팀장으로서 자신의 진정한 모습을 드러내는 것 외에, 다음의 질문을 바탕으로 팀원들의 동참을 이끌어낼 방법 또한 생각해보자.

- 팀원들에게 창의적인 질문을 던지고 있는가?
- 시간을 들여 팀원들이 하고 있는 일을 파악하고 있는가?
- 가장 힘들었던 난제와 자랑스러운 성과가 무엇인지 팀원들과 이야기해본 적이 있는가?
- 팀원들이 서로의 강점과 약점을 알아가고 서로의 공통점과 차이점을 존중할 수 있는 환경을 의도적으로 조성하고 있는가?

소개한 질문들을 바탕으로 실천해간다면 협업과 생산성, 효율성에서 개선을 경험할 수 있을 것이다. 무엇보다 중요한 것은 이러한 활동이 구성원들 간에 신뢰를 강화해준다는 점이다.

조직의 리더나 팀장이 아닌 일반 구성원으로 일하고 있는 경우 상향식 접근이 필요할 것이다. 중요한 것은 자신을 알아가고 표현하려는 노력이 위축되지 않도록 하는 것이다. 물론 현재 몸담고 있는 조직이 직원들의 자아 표현을 막으려 할 수도 있다. 보수적인 조직이라면 일에서 자아를 표현하는 것을 이상하거나 전문적이지 않은 행동으로 볼 수 있다. 그렇다고 해서 자아를 찾기 위한 노력을, 잠재력을 발견하기 위한 노력을 멈춰서는 안 된다. 자신을 알고, 강점을 파악하고, 무엇이 자신에게 영감을 주는지 파악하고 나면 그 강점을 좀 더 논리적이고 전략적인 방식으로 업무에 적용할 수 있게 된다. 의사소통 방식이 되었든, 업무처리 방식이 되었든, 그 강점을 찾아서 본인이 맡은 업무에서 무한한 잠재력을 실현하고 최선의 자아를 발현해보자. 당신의 '독특함'이 가져온 성과에 대해 상사들 또한 만족스럽게 생각할 것이다.

상사가 당신의 긍정적 시도를 받아들이려 하지 않는다면 그 노력에 동참할 지지자를 찾아보는 것도 좋다. 당신이 존경하는, 그리고 당신을 지지해줄 만한 다른 관리자나 동료가 있는가? 혹시 지금 일하고 있는 조직에서 찾기 어렵다면 다른 네트워크나 동종 업계로 범위를 넓혀보자. 조직 내부에서는 여전히 반대에 부딪힐 수 있겠지만, 당신의 노력을 지지하는 다른 동료들의 존재는 그 자체로 긍정적인 영향을 준다.

아무리 사소한 것이라도 당신의 100퍼센트를 표현할 수 있는 일은 해방감을 주며, 스트레스를 줄여준다. 어떤 상황에서도 진정한 자신과 지나치게 어긋나는 모습으로 존재하는 것은 피곤하고 지치는 일이다. 자신을 표현할 기회가 주어질 때까지 그냥 기다릴 게 아니라 그 기회를 찾아 나서야 하는 이유다.

빠르게 변화하고 있는 요즘의 일터에서는 구성원들의 진정한 자아 발현을 가능하게 해줄 환경의 구축이 더 중요하다. 이제 대부분의 직장은 공장 조립 라인에 쭉 늘어선 노동자처럼 한 가지 업무를 반복할 사람을 뽑는 것이 아니다. 기업도 노동자들도 일하는 방식의 변화를 요구하고 있으며, 일하는 이유와 좋은 인재를 찾는 방법 또한 변화하고 있다. 기업은 유연하고 선제적인 문제 해결 능력과 혁신성을 두루 갖춘 인재를 찾는다. 사람들 또한 자신이 좋아하고 관심 있는 분야에서 일하며 함께 성장할 수 있는 기업을 찾는다.

이미 수많은 사람들이 전통적인 방식의 커리어 쌓기가 아닌 다른 길을 선택하고 있다. 그들은 프리랜서로서, 자영업자로서, 자유 계약자로서 기술을 갈고닦으며 자신이 좋아하는 프로젝트를 만들어 일하는 동시에 어느 정도의 자유를 누린다. 언젠가는 한 조직에 소속되어 풀타임으로 일하지 않아도 되는 직업이 더 많아질지도 모른다. 이러한 변화 속에서 함께 성장하고 성공할 인재를 모으고 유지하려면 기업들도 직원들이 원하는 창의적 환경을 보장해주는 것이 필요하다.

변화를 이끄는 질문

100퍼센트의 자신으로 출근해 100퍼센트의 성과를 내는 사람이 더 많아진 사무실을 상상해보라. 더 좋은 상품과 서비스를 만들 수 있을 뿐 아니라 직원들의 스트레스가 줄고 행복지수가 높아질 것이다. 모두의 100퍼센트는 다르므로, 우리의 일터는 더 다양하고 창의적인 생각으로 채워질 것이다. 현재 조직 내에서 어떤 위치에 있든 당신 자신을 위한, 그리고 당신의 팀을 위한 변화를 시작하는 것은 가능하다. 그러니 이제 자신을 한계에 가두지 말자.

직장에서 당신 자신의, 또는 당신이 이끄는 팀 구성원들의 자아를 더 잘 파악하기 위해서는 어떻게 해야 할까? 다음의 질문을 바탕으로 생각해보자.

- 나의 초능력은 무엇인가? 나의 아킬레스건은 무엇인가?
- 온전한 100퍼센트의 나는 직장에서, 삶에서 어떤 모습인가?
- 온전한 100퍼센트의 자아에 도달하는 것을 막고 있는 방해물은 무엇인가? 그 방해물을 변화시키거나 개선할 수 있는가?

- 팀장으로서 어떻게 하면 팀원들이 마음을 열고 진정한 자아를 발현하도록 도울 수 있을까?
- 팀장으로서 어떤 모범으로 팀원들을 이끌 수 있을까?
- 구성원들이 평가와 비판에 대한 부담을 극복하고 자신만의 독창성을 일에 적극 활용하는 문화를 만들기 위해 조직이 할 수 있는 일은 무엇일까?
- 우리 회사의 진정한 창의적 문화를 어떻게 정의할 수 있을까?

● 핵심 정리

1. 자신을 잘 알수록 최선의 창조적 자아를 이끌어낼 수 있다.
2. 자신을 잘 알기 위해서는 더 많은 질문을 던지고 내면을 성찰해야 한다.
3. 자신에 관해 알게 되면 우리는 사람이 모두 다르다는 사실을 더 명확히 깨닫게 되며, 성장에 필요한 자원과 동기, 도구가 다르다는 점 또한 알게 된다.

최고의 도구는 호기심이다

Your Best Tools Are Rooted in Curiosity

7

"동화 속 요정이 갓 태어난 아기에게 선물을 준다고 할 때
엄마가 고를 수 있는 최고의 선물은 호기심이다."

✦ **엘리너 루스벨트**Eleanor Roosevelt-정치가, 외교관, 활동가 ✦

"중요한 것은 질문을 멈추지 않는 것이다. 호기심은 그 자체로서 존재 이유가 있다."

✦ 알베르트 아인슈타인 ✦

Rethink
Creativity

뭔가를 아는 것과 그것을 행동으로 옮기는 것은 완전히 별개의 문제다. 지금까지 많은 이야기를 했음에도, 여전히 이 책에서 완벽한 공식이나 해결책을 찾으려는 독자도 있을 것이다. 그냥 가져다가 쓰기만 하면 되는 그런 해결책 말이다. 우리는 언제나 빠른 결과를 원한다. 구글Google에 검색하거나 아마존Amazon에서 주문하면 되는데 굳이 번거롭게 대화와 소통을 통해 답을 찾아야 할 이유가 뭔지 묻는다.

기술의 발달로 정보에 대한 접근이 쉬워진 것은 좋은 일이지만, 그로 인해 잃은 것도 있다. 호기심을 가지고 뭔가를 직접 탐구하고 생각해보려는 의지가 약해진 것이다. 탐구심과 사고 능력, 호기심은 모두 창의성 강화에 필요한 핵심적인 요소다. 내가 아는 친구 중 한 명은 내가 던지는 모든 질문에 "구글에서 검색하면 되잖아"라고 답하곤 했다. 그 친구 말마따나 검색을 하면 대부분의 답이 나오기는 했지만 어느샌가 우리의 대화는 멈춰버렸다.

사실 우리가 '완벽한 해결책'에 관해 가지는 열망은 충분히 이해할 만하다. 모두가 지금껏 오랜 기간 완벽한 해결책을 추구하도록 교육받았기 때문이다. 빠른 결과를 위해 검증된 길을 따라야 한다고 배운 우리는 어떤 일을 처리하는 방식에 관해 의문을 품거나 이유를 궁금해하는 법을 잊어버렸다. 학창 시절을 떠올려보자. 우리는 학교에서 보낸 대부분의 시간을 정답 찾기에 보냈고, 좋은 학교에 입학하기 위한 옳은 논술 답변을 쓰는 데 투자했다. 회사에서의 업무도 마찬가지다. 대부분의 기업은 정해진 과정과 절차를 정확하게 따라 정해진 결과를 낼 것을 요구한다. 그렇게 모든 것이 정해진 상태에서는 새로운 접근법을 시도해볼 여지를 찾기가 거의 불가능하다.

워런 버거나 켄 로빈슨Ken Robinson 같은 심리학자들은 현재의 교육이 공장에서 노동하던 시대에 머물러 있다며, 그 위험을 지적했다. 일하는 방식이나 문화가 산업화 시대 이후 급격히 변화했음에도, 학교는 여전히 과거와 비슷한 표준화된 접근법을 고수하고 있다. 이와 관련해 켄 로빈슨은 자신의 책《엘리먼트The Element》[27]에서 다음과 같이 말했다. "우리가 직면하고 있는 난제를 고려할 때 우리의 교육제도에는 단순한 변화가 아닌 대대적인 변혁이 필요하다. 그 변혁의 핵심에는 표준화가 아닌 개인 맞춤화가 있어야 한다. 학생 개개인의 개별적인 재능을 발견하기 위해서는 맞춤화된 교육이 필요하며, 그러한 환경이 구축되어야만 아이들이 배움을 즐기며 자신의 진정한 열정을 자연스럽게 발견할 수 있다."

워런 버거 또한 자신의 책《어떻게 질문해야 할까》[28]에서 로빈슨과 유사한 부분을 지적한다. 버거의 연구에 따르면 어린아이들은 하루에 질문을 수백 개씩 하지만 학교에 들어가면서 질문의 숫자가 '절벽으로 떨어지듯' 급격히 감소한다. 어른이 되고 직장에

27) 켄 로빈슨의 연구에 관심이 있다면 창의적 세대를 훈련하기 위한 교육 개혁 방법을 논한 로빈슨의 글과 연설을 더 찾아볼 것을 권한다. 개인적으로는 2014년 TED 강연 '학교가 창의성을 죽인다(Do Schools Kill Creativity?)'를 강력하게 추천한다. 영국 출신의 작가이자 강연자, 국제적인 교육 자문가인 로빈슨은 이 강연에서 정형화된 교육 구조가 지닌 비효율성을 지적하고, 이를 토대로 다음 세대의 재능 격차를 설명한다. 우리가 이미 산업혁명 시대를 벗어났고 모두가 다르다는 것을 알고 있는데도 교육에서는 여전히 모두에게 한 가지 접근법만을 강조하는 동일한 기준을 세우고 있는 것은 큰 문제라고 할 수 있다.

28) 나는《어떻게 질문해야 할까》를 읽은 것을 계기로 내가 던지는 질문의 유형을 다시 생각하고 더 많은 질문을 던지지 않는 것을 반성하게 되었다. 수많은 전문가들과의 인터뷰를 바탕으로 집필된 이 책은 인간 행동 연구에 대한 저자의 깊은 통찰을 담고 있다. 좋은 질문이 지닌 힘에 대해 더 알고 싶은 독자라면 꼭 한번 읽어볼 것을 권한다.

들어가면서 뭔가에 의문을 품거나 질문을 던지는 일은 더 줄어든다. 기존의 방식에 의문을 제기하고 싶어도 다른 사람들이 비난하거나 이상하게 생각할까 봐 입을 다문다. 그런 일이 반복되다 보면 결국 새로운 시도를 해보고자 하는 마음 자체가 사라지게 된다.

오랜 학습으로 자리 잡은 이런 사고방식을 과연 바꿀 수 있을까? 바꾸고자 한다면 어디서부터 시작해야 할까?

시간이 없으면 매일 가던 길로 갈 수밖에 없다

우선 중요한 것은 자신이 그런 사고를 하고 있지는 않은지 늘 주의를 기울여 살피는 것이다. 내가 혹시 아무 의심 없이 정해진 방식대로만 하고 있지는 않은지, 나 스스로에게 숙고를 위한 충분한 시간을 허락하고 있는지 끊임없이 자문하는 것만으로도 용기 있는 자기 성찰이 될 수 있다. 나도 모르게 '완벽한 해결책'을 추구하거나 즉각적인 결과만을 바라지는 않았는지 잘 살피자. 생각과 숙고에 대한 의지가 높아지는 때가 따로 있는지 살피는 것도 중요하다. 창의성은 인간이라면 누구나 지니고 있는 자연스러운 재능이지만, 그렇다고 해서 그 재능에 닿는 것이 쉬운 일은 아니기 때문이다.

자신에게 가장 적합한 배움의 방식을 파악하고 호기심을 활용하는 것도 중요하다. 당신은 시각적 학습자인가? 경험을 통해 배울 때 더 잘 배우는가? 배운 것을 글로 적었을 때 더 효과적인가? 우리의 창의성이 모두 다르듯이, 배움을 즐기는 방식 또한 각자 다르다. 자신이 어떤 방식으로 새로운 정보를 소화하고 기술을 연마할 때 가장 효과적인지 알아두는 것은 큰 도움이 된다. 배움을 즐기고 창의성을 발휘하는 방식은 사람마다 다르지만, 배움에는 반드시 필요한 공통의 요소가 있다. 바로 호기심이다.

무언가에 관해 호기심을 가질 때 우리는 질문하고 궁금해하며, 잠시 멈추고 생각한 뒤 다시 묻는다. 이 과정을 통해 우리는 새로운 것을 배우고, 반복하고, 내 것으로 만든다. 이는 누가 시켜서 하는 수동적인 행동과는 완전히 다른 결과를 만든다.

그렇다면 조직 차원에서는 어떨까? 직원들의 창의성 부족이나 혁신성 결여를 비판하기 전에 우선 조직의 문화와 운영 스타일을 살펴볼 필요가 있다. 혹시 직원들이 격무와 마감에 시달리느라 새로운 시도를 할 여유가 없지는 않은가? 호기심을 가지고 업무의 더 나은 처리 방식을 고민할 수 있는 환경을 직원들에게 충분히 제공하고 있는가? 혹시 직원들이 질문하거나 시간을 더 달라고 했을 때 부정적으로만 반응하지는 않는가?

　나는 이노베이터박스에서 일하며 워크숍을 진행할 때마다 호기심의 중요성을 새삼 깨닫는다. 혁신성 강한 포천 500 기업에서 기존의 전통적인 기업까지, 대부분의 기업은 직원들이 과로에 시달리고 있다는 사실을 인지하지 못한다. 격무에 시달리는 직원은 번아웃의 위험에 노출될 뿐 아니라 새로운 생각은커녕 생각 자체를 할 여유를 가질 수 없다. 여유가 없는 직원들은 점점 업무에 대한 적극성을 잃고 수동적으로 반응하게 된다. 숨 쉴 틈도 없이 바쁘니 '예전에 통했던 방법'을 선호하고 '하던 대로' 하려고 한다. 그렇지 않아도 바빠 죽겠는데 굳이 실패로 인한 비난이나 번아웃의 위험을 감수하고 새로운 시도를 할 이유가 있겠는가?

　이노베이터박스의 워크숍에서는 작은 변화가 창의성에 미치는 영향을 보여주기 위해 참가자들과 다양한 활동을 진행한다. 그중 하나는 의견을 발표할 때 파워포인트 프레젠테이션이 아닌 종이와 색연필을 이용하게 하는 것이다. 어떻게 보면 대단할 것도 없는 시도지만, 참가자들은 익숙한 장소에서 낯선 것을 경험하며 아주 작은 변화로도 새로운 생각과 해결책에 다가갈 수 있다는 점을 깨닫는다.

연구에 따르면 호기심은 지루한 것을 배울 때조차도 재미와 효과를 높여준다. 일례로 2014년 캘리포니아 대학교 데이비스 캠퍼스의 연구진들은 호기심이 우리의 뇌를 배움에 적합한 상태로 바꿔주고, 이어지는 학습의 효과를 높여준다는 사실을 밝힌 바 있다.[29]

다음은 구글의 혁신 공식이다.

발견 + 협력 + 재미 = 혁신

재미있고 협력적인 환경은 창의적인 문화를 만들 수 있다. 그러나 발견의 중요성을 간과해서는 안 된다. 아주 일상적인 업무나 사무실 공간에 발견의 기쁨을 줄 수 있는 호기심 요소를 더하는 것만으로도 조직의 구성원들은 혁신에 대한 열망과 열린 태도를 유지할 수 있다.

---

29) 캘리포니아 대학교 데이비스 캠퍼스에서는 호기심이 각성되었을 때 뇌에서 어떤 일이 일어나는지 연구했다. 이 연구가 밝혀낸 핵심적인 사실 두 가지는 호기심이 뇌를 학습에 적합한 상태로 준비시킨다는 점과, 이어지는 학습의 효과를 높여준다는 점이었다. 모든 호기심이 똑같지는 않지만, 호기심에 대한 일관된 연구 결과는 매우 흥미롭다. 다음의 링크에서 더 많은 정보를 얻을 수 있다.
https://www.sciencedaily.com/releases/2011/10/111027150211.htm
https://www.edutopia.org/blog/why-curiosity-enhances-learning-marianne-stenger

창의와 혁신은 타인과의 경쟁이 아니라는 점을 기억해야 한다. 옆자리 동료 잭보다 더 많은 아이디어를 내야 하는 것도, 친구 세라보다 더 나은 해결책을 내놓아야 하는 것도 아니다. 각자의 제안과 아이디어는 모두가 다른 의미에서 가치 있기 때문에, 자신을 자꾸만 다른 사람과 비교하는 것은 사과와 오렌지를 비교하는 것과 같다. 각자가 내는 결과는 다를 수밖에 없다. 비교는 타인과 하는 것이 아니라 과거의 나, 현재의 나, 미래의 나와 하는 것이다.

성공의 비결은 답보다 질문에 있다

지난 3년간 나는 15개 도시의 행사에서 강연하며 총 1만 명이 넘는 청중들과 소통했다. 청중의 성격이나 강연 주제에 상관없이 내 발표 슬라이드에는 다음의 내용이 공통적으로 들어갔다.

제 목표는 하나입니다. 여러분이 오늘 마음속에 답보다는 질문을 품고 이 강연장을 나서게 하는 것입니다.

내가 모든 강연이나 연설에서 반드시 이 말을 하는 데는 이유가 있다. 그동안의 연구와 경험, 그리고 과거 청중들의 반응을 바탕으로 분석한 결과 새로운 생각을 촉발하는 최고의 방법은 호기심의 씨앗을 심는 것이라는 결론을 내렸기 때문이다. 내 강연을 듣고 마음속에 질문을 품은 사람들은 강연이 끝난 후에도 끊임없이 질문을 던지고, 자신을 돌아보고, 많은 것을 궁금해할 것이다. 만약 내가 참석자들에게 어떤 성공의 공식을 알려주며 외우라고 한다면, 대부분은 공식을 어딘가에 받아 적은 후 까맣게 잊어버릴 것이다. 내 목표는 청중의 호기심을 자극해 그들을 운전석에 앉히는 것이다. 나는 강연에서 단순한 강연자가 아닌 코치의 역할을 함으로써 청중이 자연스럽게 뭔가를 더 배우고 싶어 하도록 이끄는 전략을 선호한다. 사실 우리 모두가 직장에서 개인으로서, 관리자로서, 임원으로서 이런 역할을 할 수 있다.

정보에 대한 접근이 그 어느 때보다 쉬워진 오늘날, 우리에게 진정 필요한 것은 그런 정보를 분석하고 날카로운 질문을 던지는 혁신가다. 하나의 정해진 답에 만족하지 않고 계속해서 의문을 품는, 무엇을 더 할 수 있는지 질문을 던지는, 정체된 현재에 과감하게 도전하는 그런 사람 말이다. 그런데 이미 굳어진 일상 업무를 할 때나 오랫동안 한 분야에서 전문성을 쌓아온 팀에서 일

호기심 〉 질문 〉 의문 〉 멈춤 ‖ 다시 질문 〉

할 때는 사실 새로운 시도를 하는 것이 쉽지 않다. 나를 찾은 고객 중에도 이 문제로 고민하는 이들이 많았다.

오랜 경험으로 이미 모든 것을 시도해본 상황에서도 새로운 시도가 가능할까? 가능하다면 어떻게 해야 할까? 방법은 단순하다. 호기심을 가지고 한 번에 하나씩 질문을 던지는 것이다.

방콕에서 남편과 함께 정통 태국음식 레스토랑 보란Bo.lan을 운영하는 보 송비사바Bo Songvisava 셰프의 이야기는 그런 면에서 많은 영감을 준다. 보란은 미쉐린가이드Michelin Guide에서 별 하나를 받은 유명 레스토랑이다. 에미상 후보에 오르기도 한 넷플릭스 다큐멘터리 〈셰프의 테이블Chef's Table〉에 출연한 보의 이야기에 따르면, 그녀는 원래 태국에서 태국음식점을 할 생각이 없었다고 한다. 역설적인 이야기지만 사실 태국음식 요리사로서 좋은 태국음식을 만들기 가장 어려운 곳이 바로 태국이다. 여기에는 여러 이유가 있다. 우선 현지인들은 외식할 때 태국음식이 아닌 서양음식을 선호한다. 게다가 방콕에서 인기 있는 태국음식은 관광객들의 입맛에 맞춰 진화하다 보니 대부분 단맛이 지나치게 강해졌다. 사람들이 자주 찾는 노상 음식점에서는 주로 시판되는 소스를 사용해 요리한다. 보에게 처음 요리를 가르쳐준 그녀의 가족조차 대부분 전통 방식을 고수하지는 않는다고 했다. 보는 호주에서 요리를 공부한 후 데이비드 톰프슨David Thompson이 런던에서 운영하는 태국음식 레스토랑 '남Nahm'에서 근무했다. '남'은 미쉐린가이드에서 별을 받은 최초의 태국음식점이기도 했다. 보는 그곳에서 남편이자 동료 요리사인 딜런 존스Dylan Jones를 만났다. 둘은 함께 태국으로 돌아가 태국음식점을 차리기로 했다.

그 과정은 결코 쉽지 않았다. 앞서 말한 태국인과 관광객의 입맛도 입맛이었지만, 이미 대부분의 음식점이 시판되는 소스나 포장되어 나온 면을 사용하는 상황에서 제대로 된 신선한 재료를 구하기가 쉽지 않았다. 불가능한 것은 아니었지만, 좋은 재료를 구하려면 음식의 가격대가 소비자가 생각하는 것보다 올라갈 수밖에 없었다. 시장성이 있을까 하는 고민이 들었지만 보에게 좋은 재료는 중요한 문제였다. 어려움에 부딪히자 호기심이 일었다. 셰프 보는 방콕 음식의 질이 전반적으로 떨어진 이유가 무엇인지 생각하기 시작했다. 생각의 결과 그녀는 많은 음식점이 가격을 낮추기 위해 질 낮은 재료와 반조리 제품을 쓰기 때문이라는 결론을 내렸다. 보는 현지에서 유기농 재료를 재배하는 생산자들을 찾아 나섰고, 그들이 활용하는 농법에 대해서도 파고들었다. 그 과정에서 그녀는 신선하고 질 좋은 재료의 공급처를 확보했을 뿐 아니라 태국음식의 역사와, 갈수록 심각해지는 환경 문제에도 관심을 갖게 되었다. 어부와의 대화를 통해 기후 변화의 영향으로 어획량이 줄어들고 있다는 이야기를 듣기도 했고, 양봉업자를 만나 꿀 생산량에 변화가 나타나고 있다는 이야기도 들었다. 그 과정에서 편리함을 선호하는 사회와 패스트푸드의 확산 때문에 이들 소규모 생산자들이 전통적인 방식을 지키기가 점점 어려워지고, 친환경적인 식자재의 활용 규모도 점차 줄어들고 있다는 점을 깨달았다.

보는 한 번에 하나씩 질문을 던져가며 조금씩 앞으로 나아갔다. 개업에 이르기까지의 과정은 순탄하지 않았다. 그러나 보 부부가 지닌 음식에 대한 열정은 시간이 흐를수록 많은 소비자들의 신뢰를 샀고, 단골손님이 하나둘 늘어갔다. 이제 그녀는 훌륭한 요리 솜씨뿐 아니라 환경과 지속가능성을 위한 활동으로도 유명하다. 이 모든 과정에서 보를 이끈 것은 바로 호기심이었다.

기후 변화 방지와 산호초 보호에 일생을 바친 리처드 베버스

Richard Vevers의 이야기 또한 많은 영감을 준다. 이번에도 모든 것의 시작은 호기심이었다. 베버스는 원래 런던에 위치한 광고 회사에서 임원급으로 일했다. 회사를 나와 호주에서 수중 사진 촬영 전문가로 일하던 그는 자신이 가장 좋아하는 해저생물 중 하나인 풀잎해룡을 비롯한 해양생물들이 빠르게 사라지고 있다는 사실을 알게 되었다. 이것은 심각한 문제였지만, 더 큰 문제는 대부분의 사람들이 그 사실을 인지하지도 못하고 있다는 점이었다. 베버스는 이 문제를 해결하는 데 자신이 광고업계에서 갈고닦은 마케팅 기술을 활용하기로 했다.

호기심을 품고 이 문제를 추적하던 그는 다큐멘터리 감독 제프 올로우스키Jeff Orlowski를 만났다. 사라져가는 빙하를 통해 기후 변화 문제를 조명한 올로우스키의 2012년 다큐멘터리 〈빙하를 따라서Chasing Ice〉를 본 베버스는 올로우스키가 산호초 문제를 다루기에 적합한 인물이라는 것을 단번에 알았다. 2016년 해양 온난화로 인해 호주의 거대 산호군인 대보초Great Barrier Reef 지대에서 대규모의 폐사 현상이 나타났다. 미국의 경제전문지 〈패스트컴퍼니Fast Company〉는 "644킬로미터 구간에 달하는 산호초 지대에서는 67퍼센트의 산호초가 폐사했다"고 보도했다.[30] 전 세계 산호초 군락에서 유사한 현상이 진행되고 있다. 최근 연구에 따르면 수온이

상승할 때 나타나는 산호의 백화白化현상이 1980년대 이후 94퍼센트의 산호에서 관찰되고 있다고 한다. 산호초가 해양 생태계에서, 나아가 지구 전체의 생태계에서 차지하는 핵심적인 역할을 생각하면 이는 실로 무시무시한 일이다. 올로우스키와 베버스는 대중이 이 심각한 문제를 알아야 하고 더 관심을 가져야 한다는 데 의견을 모았다. 그렇게 하기 위해서는 더 괜찮은 스토리텔링이 필요했다. 그 결과 2017년 〈산호초를 따라서Chasing Coral〉라는 다큐멘터리가 탄생했다. 이 작품 덕분에 수백만의 시청자가 기후 변화와 해양 온난화 문제를 다시 생각할 수 있었다.

베버스의 호기심은 올로우스키와의 만남으로 이어졌고, 그 결과 나를 포함한 많은 이들에게 영감을 준 다큐멘터리를 탄생시켰다. 베버스는 거기서 한 걸음 더 나가 오션 에이전시Ocean Agency라는 비영리 단체를 설립했다. 오션 에이전시는 구글과의 협업으로 '스트리트 뷰'의 수중판이라고 볼 수 있는 '시뷰 서베이Seaview Surveys'

30) 패스트컴퍼니: '다큐멘터리 〈산호초를 따라서〉, 지구 온난화의 파괴적 영향을 구체적이고 생생하게 그려내다' (2018년 4월 9일 보도)
https://www.fastcompany.com/40552876/2018-world-changing-ideas-awards-winners-photography-visualization-chasing-coral
패스트컴퍼니: '인류가 바다에 저지른 만행을 이해하려면 지금 당장 〈산호초를 따라서〉를 관람하라' (2017년 7월 14일 보도)
https://www.fastcompany.com/40440634/stop-right-now-and-watch-chasing-coral-to-understand-what-weve-done-to-the-ocean

작업을 진행하며 우리가 볼 수 있는 것의 영역을 확장해가고 있다. 작은 호기심이 우리를 얼마나 멀리까지 이끌 수 있는지를 보여주는 사례다. 리처드 베버스의 링크드인 프로필에는 다음과 같은 소개가 적혀 있다.

저는 환경보호 활동가가 될 생각이 없었습니다. 인간이 지닌 최악의 본성에 끊임없이 대항해야 하는, 너무나도 어려운 일로 여겼기 때문입니다. 그러나 오션 에이전시를 운영한 지난 몇 년은 제 삶에서 가장 흥미진진하고 보람찬 시간이었습니다.

그동안 광고 전문가로, 수중 사진가로, 전시 디자이너로 활동했지만, 이제야 제가 평생 할 수 있는 꿈의 직업을 찾은 것 같습니다. 저는 환경보호 활동가입니다. 그러나 오션 에이전시는 기존의 환경보호 단체와 다릅니다. 우리는 창의성과 기술을 적극 활용해 인간의 본성에 맞서 싸우기보다는 오히려 그 본성을 이용하는 조직입니다. 기존의 방식보다 효과가 떨어지지도 않고 훨씬 재미있기도 하죠(사실 효과는 이쪽이 더 뛰어납니다).[31]

〰〰〰 31) 오션 에이전시의 CEO인 리처드 베버스의 링크드인 프로필 내용(2019년 7월).
https://www.linkedin.com/in/richardvevers/

베버스의 메시지는 명확하다. 호기심이 이끄는 곳으로 점점 더 깊이 들어가다 보면 한 번도 생각해보지 못했던 새로운 여정, 새로운 커리어, 새로운 삶을 만나게 되는데, 알고 보면 그 삶은 우리 안에 있던 흥미와 열정에 밀접하게 연결되어 있다는 메시지다.

혁신은 작은 호기심에서 시작된다

사실 많은 혁신가들이 리처드 베버스나 셰프 보와 비슷한 길을 걸었다. 내가 아는 창업가들 중에는 생활 속에서 문제를 경험하고, 호기심을 가지고 해결 방법을 고민하던 중 사업 아이템을 찾은 이들이 많다. 제프 커슈너Jeff Kirschner도 그중 하나다. 아이들과 놀아주던 중 길거리에 버려진 쓰레기를 본 제프는 생각에 잠겼다. 왜 아직도 쓰레기 무단 투기 문제가 해결되지 않는지 궁금했던 그는 호기심이 발동해 해결책을 생각했다. 그러다 한 가지 아이디어를 떠올렸다. 무단 투기된 쓰레기와 그것을 수거하는 사람들을 기록할 수 있는 방법이 있다면 도움이 되지 않을까? 제프는 동기를 유발하는 도구를 만들어 사람들에게 쓰레기를 줍게 하고 싶었다. 그의 호기심은 2012년 리터라티Litterati라는 회사의 설립으로 이어졌다.[32] 현재 전 세계의 많은 사람들이 리터라티의 앱을 사용해 쓰레기 줍기를 인증하고 있고, 이는 더 깨끗한 지구를 만드는 데 일조하고 있다.

호기심은 생각지 못한 새로운 방법으로 가족을 연결해주기도 한다. 아버지와 멀리 떨어진 곳에 살던 한 한국인 남성은 자신의 부모님과 자녀들이 더 가깝게 소통할 수 있는 방법을 고민하다 인스타그램Instagram 계정을 만들었다.[33] 이 남성은 뉴욕에 살고 있었고, 부모님은 브라질에, 형제들은 한국에 살고 있었다. 남성은 점점 나이 들어가는 부모님을 보며, 더 늦기 전에 아이들이 할아버지와 친해질 수 있으면 좋겠다고 생각했다. 고민하던 남자는 아버지에게 "하루에 한 장씩 손주들을 위한 그림을 그려주시는 것은 어떨까요?"라고 제안했다. 그 결과 탄생한 인스타그램 계정이 바로 '손주들을 위한 그림Drawings for My Grandchildren'이다. 할아버지는 매일 아이들을 위해 그림을 한 장씩 그렸고, 할머니는 그 그림에 이야기를 덧붙여 게시했다. 각각 다른 나라에 살며 한국어, 영어,

---

32) 제프 커슈너는 깨끗한 세상을 만들고자 리터라티를 만들었다. https://www.litterati.org/

33) '찬 할아버지(Grandpa Chan)'는 현재 화가로도 활동하고 있다. 이 가족의 이야기를 더 읽어보고 싶다면 다음의 계정과 홈페이지를 방문해볼 것을 권한다.
인스타그램 계정: @drawings_for_my_grandchildren
홈페이지: https://grandpachan.com/

포르투갈어를 할 수 있다 보니, 이들의 계정은 가족뿐 아니라 세계 곳곳의 많은 사람들에게도 전파되었다. 현재 950여 개의 그림이 올라와 있는 이 계정은 38만 5,000명에 달하는 팔로어 수를 자랑하는 인기 계정으로 자리 잡았다. 한 사람의 호기심으로 시작된 SNS 계정으로 브라질의 할아버지는 유명인이 되었고, 가족 간에는 더욱 깊은 유대감이 형성되었다. 덤으로 그림 판매 수익과 전시 수익 덕에 할아버지와 할머니는 손주들을 더 자주 방문할 수 있게 되었다고 한다. 정말 멋진 일 아닌가?

내가 이 책을 통해 당신에게 전달하고자 하는 메시지는 내가 강연에서 청중에게 전달하려는 메시지와 같다. 나는 당신의 삶에 더 많은 호기심과 질문을 심어주고 싶다. 나는 당신이 직장생활을 벗어나 그 너머를 생각하기를 바란다. 세상 모든 것이 호기심과 관심의 대상이 될 수 있다. 그러나 그것을 느끼기 위해서는 들어야 하고 열려 있어야 한다. 앞서 소개한 이야기처럼 호기심은 당신을 전혀 생각지도 못한 새로운 길로, 새로운 접근법으로, 그리고 새로운 해결책으로 이끌 수 있다. 물론 용기와 믿음, 그리고 시행착오가 필요할 것이다. 그러나 호기심을 따라가는 여정은 당신의 관심을 사로잡고, 열정을 촉발시키고, 즐거움을 가져다주는 새로운 것들을 탐험하는, 비할 데 없이 가치 있는 여정이 될 것이다.

지금쯤 내게 이런 질문을 던지고 싶을지도 모르겠다. 회사에는 엄연히 체계가 있고, 일정이 있고, 제약이 있는데 그 안에서 어떻게 무작정 호기심을 따라가지? 책임져야 할 부하직원이 있고, 보고를 올려야 할 상사가 있는 회사에서 그럴 방법이 있나?

지금부터 그 방법을 알아보자.

사무실에 호기심 심기

즐겁고 호기심 넘치는 하루를 만들기 위해서는 적극적인 태도를 취해야 한다. 상사가 질문했을 때만 답을 찾고 반응을 해야 하는 게 아니라는 말이다. 누가 묻지 않아도 스스로 내면을 들여다보고 무엇이 당신의 호기심과 에너지, 흥미를 불러일으키는지, 또 무엇이 당신을 지루하게 만드는지, 시간을 들여 파악하려는 노력이 필요하다.

요컨대 나는 케이팝과 뮤지컬을 좋아한다. 그래서 하루를 시작할 때는 꼭 긍정적인 에너지를 채워주는 음악을 찾아서 듣는다. 짧은 노래 한 곡이지만, 노래를 듣지 않았을 때와 확실한 차이가 느껴진다. 마음에 드는 음악을 발견하면 아티스트에 대한 호기심도 커진다. 나는 탐정이 된 기분으로 그들이 어떤 계기로 음악을 시작했고 어떤 길을 걸었는지, 다른 이들은 그들의 음악을 어떻게 평가하는지, 그들이 무대 위에서 어떤 모습으로 공연하는지, 앞으로의 계획은 무엇인지 샅샅이 찾아서 읽는다. 관련된 이야기나 배경을 알고 나면 음악이 주는 영감이 더 커지는 느낌이 든다.

나는 일에도 이와 비슷한 프로세스를 적용한다. 새로 맡게 된 업무든 일상적인 업무든, 탐험가나 탐정이 된 듯한 기분으로 호기심을 가지고 일하면 훨씬 더 즐거워진다. 가장 반복적인 엑셀 업무라도 예외는 없다. 나는 탐정이 되어 이 업무, 아니 이 사건을 10분 더 빨리 해결하려면 어떻게 해야 할지, 아니면 열 번의 시도 안에 해결하려면 어떻게 해야 할지 흥미진진하게 생각한다. 나는 탐정이 되어 스스로에게 던져야 할 질문과 동료들에게 물어야 할 질문을 정리하고 추후 유사한 업무에 활용하기도 한다.

동료들과 협업할 때도 이런 태도를 활용하면 업무상 차질이 발생해도 여유를 잃지 않는다. 함께 일하는 동료의 업무가 지체되어 내 일에 지장이 생겼다고 가정해보자. 업무에 대한 아무런 호기심도 없이 지연 그 자체만 보게 된다면 아마도 속상해하거나 짜증을 낼 것이다. 그러나 호기심과 관심을 가지고 전체적인 과정을 본다면 짜증을 내기보다는 지연의 이유를 궁금해하고 문제를 해결하기 위해 내가 할 수 있는 일이 무엇인지 물어볼 것이다.

열린 태도를 가지고 잠시 멈춰 생각하다 보면 마음에 여유가 생기고, 협업 방식이나 결과물을 개선하기 위한 대화도 훨씬 수월하게 진행할 수 있다. 내 하루를 어떤 경험으로 채울지에 대한 주도권은 내가 쥐고 있다는 사실을 늘 기억하자. 이런 자각은 우리에게 힘과 에너지를 준다.

호기심이라는 감정을 경험한 지가 너무 오래되어 어디에서부터 시작해야 할지 모르겠다는 독자도 있을 것이다. 그런 경우라면 우선 짧은 간격으로 단기 목표를 세워 자신의 발전을 평가하고 관심사를 재발견해보자.

우선 매일 업무 중 잠시 짬을 내어 다음과 같은 질문을 하나씩 던져보자. 이는 열린 태도로 질문하는 연습에도 도움이 될 것이다.

1. 직장에서 가장 긴 시간을 투자하는 일이 무엇인가?

2. 직장에서 내가 가장 즐기는 일은 무엇인가? 그 이유는 무엇인가? 직장에서 즐거운 일을 하루에 최소 한 번은 하기 위해서는 어떻게 해야 할까?

3. 가장 최근 내게 도전을 통한 성장을 안겨줬던 프로젝트는 무

엇인가? 그 프로젝트에는 누가 참여했는가? 프로젝트 시작 전에는 어떤 기대를 가졌는가? 끝난 후에는 어떤 생각이 들었는가? 비슷한 프로젝트를 다시 진행한다면 어떤 다른 시도를 해보고 싶은가?

4. 휴식 시간에 무엇을 하는가? 오늘은 휴식 시간을 가졌는가?

5. 업무 생산성을 향상시키기 위해 한 가지를 할 수 있다면 그것은 무엇인가?

6. 직장에서 용기를 내어 창의성을 발휘했던 일이 있는가? 그 결과는 어땠는가?

다시 한번 말하지만, 탐정이 된 것처럼 생각하는 것이 중요하다. 의식적인 질문을 통해 알게 된 내용은 아무리 사소한 것이라고 해도 자신의 흥미를 파악하는 데 도움이 된다. 그렇게 파악한 흥미나 관심사는 업무에 적극 활용할 수 있다

조직의 팀장이라면 팀원들이 자연스럽게 호기심을 가지고 열린 마음으로 질문할 수 있는 시간과 공간을 조성하려는 노력을 기울여야 한다. 팀원들에 대해 잘 모르는데 그들이 어떤 것에 흥미를 느끼는지 어떻게 파악할 수 있겠는가?

중요한 것은 진심이 담긴 신뢰 쌓기다. 사람들은 진정 답을 구

하고자 던지는 질문과 듣고 싶은 답을 미리 정해놓고 던지는 질문을 구분할 수 있다. 모두가 팀장의 의견에 동의하는 회의실 풍경이 평화로워 보이는가? 사실 이것은 위험한 풍경이다. 팀원 중 그 누구도 반론을 제기하거나 새로운 관점을 제시하지 않는다는 것은 아무도 더 깊은 질문을 던지지 않는다는 의미이기도 하기 때문이다.

팀원들이 내놓는 제안이 기대에 못 미칠 수도 있다. 그러나 이런 경우에도 무조건 질책하기보다는 이유를 먼저 생각해봐야 한다. 혹시 회의가 너무 급히 잡혀 준비할 시간이 부족하지는 않았는가? 업무가 너무 과중하지는 않은가? 그동안 당신은 진정 열린 마음으로 팀원들의 의견을 경청했는가? 사람들은 대부분 새로운 일을 시작하거나 새 직장에 출근했을 때 강한 호기심을 가지고 주변을 관찰한다. 인간은 습관의 동물이며 무리에 섞여 들어가는 것을 좋아한다. 그렇기 때문에 이미 그곳에서 일하고 있던 동료들이 어떻게 행동하는지 유심히 살펴 원래의 분위기대로 따라가는 선택을 한다. 그런데 새로 출근한 직장에서 관리자가 팀원들의 제안에 아무 관심을 보이지 않는 모습이나 새로운 제안에 아무런 피드백을 주지 않는 모습을 보게 된다면 어떤 생각이 들까? 아마도 '이곳은 굳이 시간을 들여 새로운 시도를 하거나 질문을 던질 필요가 없는 곳이구나'라는 생각을 하게 될 것이다. 그러므로 팀을 책임지는 관리자라면 행동과 소통으로, 그리고 반응으로 창의적 역량 계발을 지지하는 모습을 보여야 한다. 팀원들은 팀장이 동료의 아이디어를 인정하는 모습에서, 질문에 반응하는 모습에서, 실수를 인정하고 소통하는 모습에서, 그리고 팀원들의 새로운 시도를 지지해주는 모습에서 자신감을 얻는다.

솔직하게 자신의 행동을 되돌아보자. 당신은 업무가 늦어지는 직원에게 주로 어떻게 반응하는가? 짜증을 내는가? 아니면 호기심과 관심을 가지고 어떻게 된 것인지 묻는가? 그 '어떻게 된 것이냐'는 질문은 의도와 어조에 따라 다른 의미로 해석될 수 있다는 점에도 주의해야 한다. 팀원들에게 창의성과 배려를 강조하기 전에 당신의 행동이 업무 공간의 창의성을 장려하는 방향으로 작용하는지를 먼저 살펴야 한다. 최근 당신과 팀원들이 모두 한 팀으로서 즐거운 시간을 보낸 적이 있었는가? 프로젝트 개발에는 모든 팀원이 인내심을 가지고 서로를 이해할 수 있도록 제약 사항을 잘 설명했는가? 동료들과 문제가 발생했을 때 호기심을 가지고 차분히 대응했는가?

조직에서 팀장이나 부서장 직책을 맡고 있다면 아마 참석해야 할 회의가 온종일 줄 섰을 것이다. 힘들겠지만 바쁜 일정 속에서도 시간을 내서 멈추고 돌아볼 수 있어야 한다. 이는 문제 해결 능력을 높이는 데 도움이 되며, 팀원들에게 멈춤과 숙고의 중요성을 다시 한번 상기시켜주는 역할도 한다.

안타까운 일이지만 조직의 리더 중에는 구성원들의 아이디어나 의견을 잘 지지해주지 않는 이들도 있다. 새롭게 출근한 직장이나 새로 배치된 팀에서, 또는 새로 담당하게 된 업무에서 이런 상황을 만나면 낙담할 수밖에 없다. 하지만 그런 상황에서도 그저 낙담만 하지 말고 호기심을 발휘해 원인을 찾으려 한다면 창의성을 적극적으로 지켜낼 수 있다.

어느 날 팀장이 당신에게 어떤 업무 방식에 대한 새로운 아이디어를 내보라고 했다고 가정해보자. 당신은 다양한 아이디어를 의욕적으로 준비해서 제안한다. 그런데 팀장은 당신이 내는 아이디어마다 이건 안 된다며 거절한다. 정말이지 속상한 상황이긴 하지만 문제를 해결하기 위해서는 호기심을 발휘해야 한다. 어떻게 하는 게 좋을까?

우선은 일을 잠시 멈추고 팀장이 왜 그런 반응을 보였는지 차분히 생각해보자. 그리고 팀장이 당신의 아이디어를 거절하며 정확히 어떤 말을 했는지 되짚어보자. 실행에 비용이 너무 많이 든다고 했는가? 실제 상황에 도입하기에는 너무 복잡하다고 했는가? 아니면 아이디어가 너무 모호하다고 했는가? 혹시 별다른 설명이 없었는가? 그런 경우라면 이유를 알려달라고 정중히 요청해보자. 아마 대부분의 경우 나름의 이유가 있을 것이다. 실행에 옮기기에 현실성이 떨어지는 아이디어였을 수도 있고, 타이밍이 적절하지 않았을 수도 있다. 이러한 대화는 상황을 관리자의 관점에서 볼 수 있도록 도와준다는 점에서 유용하다.

둘째, 팀장이 평소에 의사 결정을 내리고 우선순위를 정할 때 어떤 방식으로 일하는지 유심히 살피고 파악해보자. 그 과정을 알고 나면 왜 어떤 결정은 뒤로 밀리고 어떤 아이디어는 바로 실행에 옮겨지는지 더 잘 이해할 수 있을 것이다. 이를 파악하기 위해서는 회의에서, 또는 이메일을 통한 업무 소통에서 팀장의 메시지를 적극적으로 관찰하고 경청할 필요가 있다.

셋째, 밀어붙일 타이밍과 물러날 타이밍을 잘 파악하라. 혹시 당신의 상사는 분기 말이 되면 예산 관련 논의에 민감해지는가? 여름이나 겨울 휴가철이 다가오면 결정을 미루는 경향이 있는가? 조직의 업무 사이클과 타이밍을 이해하면 새로운 아이디어를 언제 밀어붙여야 할지, 또는 언제 한 발짝 물러나 다음 기회를 노려야 할지 파악하고 그에 맞는 전략을 세울 수 있다.

여기서도 핵심은 계속 궁금해하고 호기심을 갖는 것이다. 앞서 말한 것들을 파악하기 어려운 경우에도 그저 실망하고 있기보다는 왜 어려운 것인지 궁금해해야 한다. 팀장과의 긴 대화 후에도 자꾸만 제안이 거절된다면 이번에는 그 이유를 자신에게서도 찾아볼 필요가 있다. 어떤 순간에도 호기심을 잃지 말아야 한다. 장애물에 대한 생각을 바꿈으로써 우리는 새로운 통찰과 해결책을 찾을 수 있다.

직장에서 창의성에 관한 소통이 중요한 이유

기회가 있을 때마다 창의성을 발휘하고 강화하는 것이 중요하다. 그래야만 좌절의 순간이 찾아왔을 때 다시 힘내고 에너지를 채울 수 있다.

한편 조직은 구성원을 교육하고 격려하고 지지할 때 늘 창의성을 염두에 두어야 한다. 그러기 위해서는 현재의 환경을 솔직한 눈으로 살펴볼 필요가 있다. 당신의 조직에는 구성원들이 창의성과 호기심을 강화할 수 있는 환경이 마련되어 있는가? 구성원들이 누릴 수 있는 즐거움이 있는가? 구성원들이 어떤 종류의 질문에 더 집중하기를 바라는가? 혹시 그들이 요청하거나 실행하기 어려워하는 것들이 있는가? 조직의 리더들이 질문과 호기심에 더 적극적인 태도를 보이도록 장려하고 있는가? 조직은 개인에 비해 '뷰자데 vuja de'[34]를 장려하는 물리적인 공간과 문화를 더 쉽게 만들 수 있다.

창의성을 위한 물리적인 공간이나 교육 프로그램, 워크숍 등에 투자하는 것도 물론 좋은 방법이다. 그러나 중요한 것은 일상의 업무에 창의성을 불어넣을 전략을 마련하는 것이다. 조직의 구성원들이 (아무 두려움 없이) 호기심을 발휘하고 질문을 던질 수 있는 환경이 조성되어야 한다. 미술작품이나 포스터를 거는 것도 도움이 될 수 있고, 크고 작은 규모의 회의를 시작하기 전 창의성을 환기시키기 위한 아이스 브레이킹 ice breaking[35]을 진행하는 것도 좋다. 어찌 보면 사소한 이런 시도로도 꽤 큰 차이가 만들어질 수 있다.

그런데 구성원 개개인의 관심사와 선호가 다른데 모두를 위한 환경을 만드는 것이 가능할까? "일하느라 바쁜데 재미있는 것이나 하고 있을 자원과 시간이 어디 있느냐"는 볼멘소리가 나오지는 않을까?

---

34) 처음 본 것을 익숙하게 느껴지는 현상인 '데자뷔(deja vu)'를 뒤집은 말로, 익숙한 것을 낯설게 느끼는 현상을 뜻한다. -역자 주
35) 어색한 분위기를 깨고 친밀감을 형성하는 일. -편집자 주

충분히 나올 수 있는 반응이다. 이런 경우라면 우선 '재미'와 '일'에 대한 정의를 다시 생각할 필요가 있다. 사실 '재미'라는 것이 모두에게 반드시 같은 의미일 필요도 없고, 돈이 많이 들어가는 일일 필요도 없다. 대부분의 직원은 자신이 일하는 분야에 관심이 있거나 어떤 일을 배우는 데 관심이 있다. 이 점을 염두에 두고 직장에서의 '재미'를 다시 생각해본다면 재미와 업무를 연결해 직원들의 몰입도 강화와 생산성 향상이라는 두 마리 토끼를 다 잡을 수 있다. 조직의 리더들이 열린 마음으로 토론하고 창의성을 실천할 공간을 필요로 한다면 리더들을 위한 팀 빌딩 활동 또한 좋은 시작이 될 수 있다. 핵심은 서로를 신뢰하고 수용하는 문화를 조성해 구성원들의 호기심과 인내심을 장려하는 것으로, 그 문화야말로 창의성을 위한 강력한 도구다. 결론적으로 조직이 호기심을 가지고 리더와 구성원들을 살핀다면, 그들의 호기심을 유발할 만한 새로운 방법을 찾을 수 있을 것이다.

이 장의 내용이 깊은 생각을 이끌어내는 데 도움이 되었는가? 그럼 이제 다음의 질문을 통해 일상 속에서 호기심을 더 잘 활용할 방법을 생각해보자.

- 일상 업무를 처리할 때도 호기심을 잃지 않으려면 어떻게 해

야 할까?

- 업무 성과물에 관해 던져볼 수 있는 질문을 세 가지 고른다면 무엇인가?

- 담당하고 있는 프로젝트에 주어진 시간·자원·지원이 갑자기 현재보다 줄어든다면 나는 그 제약에 어떻게 대응해야 할까?

- 팀장으로서 어떻게 하면 팀원들이 진행 중인 프로젝트에 관해 호기심과 열린 마음을 유지하게 할 수 있을까?

- 팀장으로서 어떻게 하면 팀원들을 위해 재미있고 호기심 넘치는 업무환경을 조성할 수 있을까?

- 기업이 어떻게 하면 직원들이 비난이나 평가에 대한 두려움 없이 자유롭게 질문하는 환경을 조성할 수 있을까?

- 기업이 어떻게 하면 조직의 리더들이 바쁜 시기에도 수동적인 반응이 아닌 적극적인 대응을 통해 문제를 해결하도록 장려할 수 있을까?

● 핵심 정리

1. 여러 학습 방식 중 자신이 선호하는 학습 도구를 파악하고 호기심과 발견에 집중하는 것이 중요하다.

2. 관찰자가 아닌 탐험자가 되어 창의성의 여정을 즐겨야 한다.

3. 뭔가를 이해하고자 할 때는 의도적으로 시간을 내서 궁금해하고 질문을 던져야 한다.

실패의 다양한 모습

A Thousand Shades of Failure

"여왕처럼 생각하라. 여왕은 실패를 두려워하지 않는다.
실패는 위대함을 위한 또 다른 디딤돌일 뿐이다."

✦ **오프라 윈프리** 미디어 재벌, 배우, 프로듀서, 자선사업가 ✦

"실패가 고려사항이 아니라면, 대개 성공도 고려사항이 될 수 없다."

✦ **세스 고딘** Seth Godin 창업가, 마케터, 작가 ✦

Rethink
Creativity

창의성을 발휘하는 과정에서 실패를 경험하면 어떻게 해야 할까?

실패나 리스크 감수는 창의성을 논할 때 빠질 수 없는 주제다. 한 번도 해본 적 없는 새로운 시도를 할 때는 늘 리스크가 따르기 마련이고, 때로는 그로 인한 대가를 치러야 한다. 실패에 대한 내 감정은 늘 복잡했다. 실패를 극복하고 성공한 이들의 감동적인 일화에서는 큰 영감을 받으면서도 막상 내가 실패로 인해 받을 상처나 질책에 대해서는 두려움이 앞섰다.

직장에서의 실패에 대한 두려움은 더 클 수밖에 없다. 맡은 업무를 제대로 해내지 못했을 때 동료나 상사가 나를 어떻게 볼지, 혹시 비난하지는 않을지 걱정할 수밖에 없기 때문이다. 게다가 같은 직장에 있는 이상 그들과 계속 얼굴을 마주해야 한다. 나를 찾은 고객 중에는 새로운 시도를 하다 실패해서 창피나 무시를 당하느니 차라리 아무것도 시도하지 않겠다고 말한 이도 많았다.

충분히 이해할 수 있다.

하던 대로만 하면 안전한데 왜 굳이 새로운 시도를 해서 웃음거리가 될 위험을 무릅쓰겠는가? 경영진이 아무리 실수를 지지하겠다고 외쳐도, '빠른 실패'를 지원하는 환경을 만들겠다고 선언해도, 그런 환경이 피부로 느껴지지 않는 한 새로운 시도를 하기는 어렵다. 옆자리 동료의 아이디어가 묵살당하고, 담당자의 피드백이 무시당하고, 그들이 제시한 새로운 관점이 평가당하는 것을 보았는데 그 누가 긍정적인 동기를 가지고 새로운 의견을 내놓겠는가? 이런 환경에서는 기존의 방식을 벗어나봤자 괜히 평가당할 확률만 높아진다는 생각에 다들 몸을 사릴 것이다.

실패에 대한 두려움은 강력하고 실질적이다. 그 두려움은 창의성을 이야기하는 데 결코 무시할 수 없는 것이기도 하다. 나 또한 실패에 관해 쓰는 것만으로도 이미 마음이 무거워지는 것을 느낀다. 두려움은 사실 낯선 감정이 아니다. 낙제한 시험, 실연, 실직, 친구의 배신, 실패한 프로젝트, 실패한 사업…. 우리는 지금껏 살면서 어떤 형태로든 실패를 경험했다. 물론 실패 후에도 삶은 계속된다. 그러나 모든 실패가 몇 년 후 친구와 웃고 떠들며 이야기할 만큼, 그저 툭툭 털고 일어날 만큼 가벼운 것은 아니다. 실수에서 배우려는 열린 자세는 중요하지만, 그게 늘 마음먹은 대로 되지는 않는다.

왜일까? 실패라는 것이 결코 단순하지 않기 때문이다. 모든 실패는 다른 모습을 하고 있는데도, 우리는 실패를 한마디로 정의할 수 있다고 착각한다. 그렇지 않다. 실패는 천 가지 모습을 하고 있다.

어떤 실패는 우리에게 교훈을 주지만, 어떤 실패는 우리를 오랜 실의와 상처에 빠뜨리기도 한다. 그중 어떤 실패는 오랫동안 마음의 문을 닫게 만들기도 한다. 안타까운 일이지만 우리 뇌는 최고의 순간이 아닌 최악의 순간들을 더 선명하게 기억하는 경향이 있다. 실패에 대한 강렬한 기억은 우리의 전진을 막기도 한다.

심리학자 가이 윈치Guy Winch 또한 자신의 연구를 바탕으로 이를 증명했다. 우리가 실패 이후 흔히 경험하게 되는 감정적 상처인 거부에 대해 윈치는 자신의 저서에서 다음과 같이 말했다. "거부당하는 경험은 매우 날카로운 감정의 통증을 이끌어내기 때문에 우리의 생각에 영향을 주고, 마음을 분노로 가득 채우며, 자신감과 자존감을 갉아먹고, 근본적인 소속감을 뒤흔들어놓는다."[36] 잘못된 결정에 대한 후회는 우리를 위축시킨다. 그 고통은 어느 정도일까?

당신이 낯선 두 사람과 함께 어느 공간에 앉아 있다고 가정해보자. 누군가가 공을 가져오고, 당신을 포함한 세 명은 서로에게 차례로 공을 던져 전달하는 놀이를 시작한다. 그런데 당신이 공을 받을 차례에 상대가 갑자기 당신이 아닌 다른 사람에게 공을 던진다. 이때 당신은 어떤 감정을 느낄까? 가이 윈치가 책에 소개한 '공 던지기 놀이'는 사실 잘 알려진 심리학 실험이기도 하다. 실험을 진행한 결과, 사람들은 공이 다른 사람에게 갈 때마다 "공 던지기 게임에서 제외된 것에 상당한 정신적 고통을 느꼈다"고 말했다.[37] 모르는 사람과의 공 던지기 게임 같은 사소한 일에서도 상당한 정신적 고통을 받는데, 더 중요하고 의미 있는 일에서 거부당하고 실패해서 상처를 받았을 때 느끼는 고통은 얼마나 클까?

우리는 매일 치유되지 않은 정신적 고통을 제대로 자각하지 못한 채 '기능'한다. 우리는 어린아이의 무릎에 난 까진 상처는 치료할 줄 알지만, 성인이 되어 겪는 마음의 상처는 어떻게 치유해야 할지 잘 모른다. 거부당한 경험이 우리에게 주는 고통이 그렇게 크다는 것을 고려하면 우리가 실패와 불편함을 왜 그렇게 피하고

---

36) 《아프지 않다는 거짓말(Emotional First Aid)》 가이 윈치
37) 《아프지 않다는 거짓말》 가이 윈치

싶어 하는지 알 수 있다. 새로운 시도가 성공을 거둘 확률은 낮은 데, 리스크는 너무 높다. 그러니 그냥 현재에 안전하게 머물겠다는 생각을 하게 되는 것이다.

실패에는 면역이 생기지 않는다

실패에 관해 어떻게 이야기할지 알기 위해서는 우선 실패를 받아들이는 것이 왜 어려운지 알아야 한다. 실패로 인한 상처를 한 번 극복해봤다고 해서 다른 실패로 인한 또 다른 상처를 극복하는 법을 아는 것은 아니다. 우리는 성인이 되며 최악의 시나리오를 상상하는 데 점점 더 익숙해진다. 여기에 관해서는 스탠퍼드대 교수인 티나 실리그Tina Seelig가 쓴 《인지니어스inGenius》에 잘 설명되어 있다.[38] 우리는 어린 시절 '자연스러운 호기심과 강력한 관찰력으로' 세상을 알아가려 애쓴다. 그러나 나이가 들어갈수록 '앞으로 무엇을 경험할지 예측하는 데 능숙해지고, 실제로 그렇게

---

38) 동영상을 통한 학습을 선호한다면 티나 실리그의 U99 강연 '진짜 창의적인 사람들의 여섯 가지 특징'(2014년 2월)을 추천한다. 이 강의에서 실리그는 강력한 시각적·청각적 자료를 활용해 환경이 창의적 사고에 미치는 영향을 설명한다.

예측한 것을 경험하는 일이 많아진다.' 어느 정도까지 상처를 치유하는 법을 배운다고 하더라도 인생과 상처의 경험은 우리의 경계심을 높이고 호기심을 약화시킨다. 상처를 다시 경험하고 싶지 않은 마음에서 생기는 현상이다. 그렇게 우리는 점점 자신의 생각을 공유하지 않고, 새로운 것을 피하게 된다. 아이디어가 떠올라도 손을 드는 횟수가 점차 줄어든다. 좋은 면만 보여주고 싶은데, 자칫 그렇지 않은 면이 보일까 봐 굳이 말하지 않는 것이다. 이는 무의식중에 일어나는 자기보호 본능이다. 그러나 안주는 성장으로 이어지지 못한다. 우리는 어떻게 하면 스스로에게 새로운 도전이 실패가 아닌 성장의 기회라는 것을 인식시킬 수 있을까? 우리에게 필요한 것은 마음가짐의 전환이다. 창의적 마음가짐이 중요한 이유기도 하다.

두려움에 대한 두려움을 모두 버리는 것은 해결책이 아니다. 두려움이라는 감정은 위험을 경고하는 유용한 안내자이기도 하기 때문이다. 두려움은 우리가 안전벨트를 매게 하고, 무단횡단을 피하게 한다. 보고서를 제출하기 전에 다시 한번 오탈자를 점검하게 하는 것도, 상대에게 분노의 이메일을 보내기 직전 멈칫하게 하는 것도 두려움이라는 감정이다. 누군가를 잃을지도 모른다는 두려움은 우리로 하여금 상대를 더욱 소중히 여기게 만든다. 이렇듯 두려움이라는 감정에도 존재 이유가 있다. 두려움에 대한 이해는 상황을 평가하고 행동을 취할 때 강력한 도구가 되어준다.

그렇기 때문에 두려움을 없애는 데 치중하기보다는 용기와 회복력을 키우는 데 집중해야 한다. 실패와 마찬가지로 용기 또한 다양한 형태를 하고 있다. 비판에 대한 두려움을 극복하고 회의에서 목소리를 내는 것도 용기다. 동료가 직접 발표하지 못한 좋은 아이디어를 대신 나서서 지지해주는 것 또한 용기다. 부정적인 피드백을 받은 회의에서 열린 마음을 가지고 신중하게 대응하는 것도 용기다. 용기를 내기 위해 더 많은 노력을 할수록 새로운 상황에서 회복력을 발휘하는 능력 또한 강화된다.

실패에 대한 반응은 실패 그 자체보다 더 중요하다. 이는 캐럴 드웩Carol Dweck의 '고정 마인드셋'과 '성장 마인드셋'에 관한 연구에서도 잘 드러난다. 캐럴 드웩은 자신의 저서 《마인드셋Mindset》에서 학생들이 낮은 학점을 받았을 때 '마인드셋' 즉 마음가짐에 따라 얼마나 상반된 반응을 보이는지 설명한다.[39] 고정 마인드셋을

39) 캐럴 드웩의 《마인드셋》은 모두에게 추천하고 싶은 책이다. 나는 이 책을 통해 폐쇄적인 사람과 개방적인 사람을 단순히 이분법으로 나눌 수 없다는 것을 알게 되었다. 사람의 개방성은 사안에 따라 달라진다는 사실을 인식함으로써 나의 사고 과정을 더 잘 이해할 수 있었고, 내 의견에 동의 혹은 반대했던 사람들의 사고 과정 또한 이해할 수 있었다. 모두에게 추천하는데, 그중에서도 조직의 관리자, 자녀가 있는 부모, 리더들이라면 특히 꼭 읽어봐야 할 책이다. 팀과 함께 일하는 것에 어려움을 겪는 사람에게도 도움이 될 수 있다.

지닌 학생들은 실의에 빠져 상황을 개선하려는 노력을 보이지 않았고, 남을 탓하는 반응을 보였다. 상당수 학생이 실패를 잘 회복하지 못했고 우울감을 느끼기도 했다. 반면 성장 마인드셋을 지닌 학생들은 낮은 학점에 실망하는 모습을 보이기는 했으나 추후 더 열심히 노력해 결과를 개선하려 했고, 건강 또한 더 잘 관리하려 애썼다. 이들은 낮은 학점을 받은 것에 대해 남을 탓하기보다는 자신의 준비 부족을 인정했다. 결과적으로 이들 학생 중 상당수는 실패에서 빠른 회복을 보였고, 학기말쯤 가서는 훨씬 행복해졌다. 드웩의 연구는 우리가 처음부터 완벽을 바라기 때문에 완벽 이외의 것을 거부하는 것일지도 모른다는 사실을 보여준다. 처음부터 모든 것을 완벽하게 하려고 하기보다는 실패를 성장의 촉매로 보려는 자세가 필요하다

실패를 더 잘 이해할 용기

모니카, 어떻게 하면 우리 직원들의 창의성과 협업능력, 포용력을 개선할 수 있을까요? 우리 직원들은 늘 리스크를 회피하고, 필요한 질문도 잘 던지지 않아요. 여러 방법을 써 봤지만

뚜렷한 효과가 없었어요. 직원들의 사고방식을 개선하고 싶지만 더는 어떻게 해야 할지 모르겠습니다. 어떻게 하면 직원들을 더 적극적으로 만들 수 있죠? 우리 조직을 도와줄 방법이 있나요?

나를 찾은 많은 고객들이 가장 자주 하는 고민이다. 나는 이런 고민을 토로하는 고객에게 창의성 강화라는 목표를 얼마나 중요하게 생각하는지 묻는다. 그러면 대부분 자신들이 직원들에게 얼마나 많은 신경을 쓰는지 열정적으로 설명한다. 모든 직원이 편한 마음으로 새로운 아이디어를 나누고, 진정한 자아를 찾고, 충분한 지지를 받고, 적극적으로 앞서갔으면 좋겠다고 말한다. 그런데 그 모든 것을 말하고 난 뒤에 꼭 한 가지 단서를 붙인다. 실수나 시행착오, 리스크는 곤란하다는 것이다. 그들은 실수를 용납할 수 없다는 말을 하며, 사업이기 때문에 어쩔 수 없다는 이유를 댄다. 틀린 말은 아니다. 그렇지 않은가? 게다가 언론에 소개되는 수많은 화려한 성공 사례를 보면 실패 없이 성공하는 것이 충분히 가능한 일로 보인다. 미국의 작가이자 창업가인 세스 고딘은 그런 기대가 얼마나 모순적인지를 단 한 문장으로 설명했다. "실패가 고려사항이 아니라면, 대개 성공도 고려사항이 될 수 없다."[40]

새로운 것에 대한 탐색과 시도, '빠른 실패'가 안전하게 이뤄질 수 없는 환경에서 직원들에게 무조건 창의성을 강조하는 것은 비현실적이다. 구성원들이 어려운 일에 과감히 도전하면서도 불안을 느끼지 않게 하려면 시행착오나 실패의 가능성이 있는 경우에도 모험을 감수하는 것이 괜찮다는 일관되고 긍정적인 메시지가 조직 안에 존재해야 한다. 조직 구성원이 실수하는 경우에도 그들을 이해하고 다시 기회를 주는가? 새로운 시도가 성공을 거두는 경우, 용기를 낸 직원을 충분히 칭찬하고 보상하는가? 새로운 제안을 시행에 옮겼다가 기존에 성공적이었던 프로젝트가 치명타를 입은 경우 조직은 어떻게 반응하는가? 상사나 동료들이 포용적인 모습을 보이는가? 혹시 새로운 시도를 한 직원을 징계하지는 않는가? 실패에 대한 조직의 언어적·비언어적 반응은 중요하다. 동료의 새로운 시도가 묵살당하는 모습을 본 직원들은 '저것 봐. 그러니 굳이 위험을 감수하고 새로운 시도를 할 필요가 없다니까'라고 생각하게 된다.

이와 관련해 사고와 인식의 전환을 위해 내가 이노베이터박스 워크숍에서 자주 활용하는 방법을 하나 소개해보겠다. 이 방법

<hr>

40) 세스 고딘의 블로그 글 '혁신은 배짱과 아량의 만남이다' (2019년 8월 13일) https://seths.blog/2019/08/innovation-is-guts-plus-generosity/

은 참가자가 10명인 행사에서도, 500명인 행사에서도 활용 가능하다. 나는 참가자들에게 쪽지 두 장을 주고 두 가지 질문에 대한 답을 각각 솔직히 적으라고 한다. 질문은 대략 이런 내용인 경우가 많다.

- 회사에서 창의성을 마음껏 발휘할 수 있었던 순간은 언제입니까? / 창의성을 발휘하기 어렵다고 느낀 순간은 언제입니까?
- 회사에서 소속감을 느낀 순간은 언제입니까? / 그렇다면 소외감을 느낀 순간은 언제입니까?

작성이 끝난 후 나는 참가자들에게 답변이 적힌 쪽지를 접어 아무 방향으로나 던지라고 한 후 다른 쪽지를 주우라고 한다. 서로의 답변을 무작위로 섞는 것이다. 모두가 쪽지를 주운 후에는 두 명에서 네 명 정도의 소그룹으로 모여 서로 의견을 나누게 한다. 여기저기에서 다양한 반응이 나온다. 웃음을 터뜨리는가 하면, 고개를 끄덕이기도 하고, 새로운 관점에 감탄하기도 한다. 참가자들에게 어떤 점이 가장 놀라웠는지 물으면, 많은 이들이 서로에게 느낀 강한 공감을 꼽는다. 많은 참가자가 다양한 방식으로 익명의 쪽지에 적힌 내용에 공감한다. 자신과 비슷한 감정을 느끼는 이들이 많다는 것을 알고, 혼자가 아님을 다시 깨닫기도 한다.

다른 참가자들과의 공통점을 발견한 이들은 이렇게 말하곤 한다.

이건 정말 이해가 되네요. 제가 낸 아이디어가 아무 설명도 없이 묵살되었을 때 저도 많이 속상했거든요. 안 그래도 의기소침해 있는데 동료들과 상사가 "거봐, 어차피 안 된다고 했잖아"라고 말해서 더 속상했던 기억이 있어요.

조직 안의 좋은 사람들이 큰 독려가 된다는 이 내용에 정말 동의합니다. 저희 회사에 새로운 리더들이 부임했는데, 긍정적인 지지와 적극적인 배려로 저희 팀의 구성원들 모두 사기가 올라갔습니다. 아이디어 또한 다들 더 적극적으로 내놓고 있어요.

한편 생각지도 못했던 새로운 관점을 깨닫게 된 이들은 이렇게 말하기도 한다.

창의성을 지원하는 데 체계가 필요할 수도 있다는 점을 미처 생각하지 못했습니다. 체계가 부족해서 저희 팀원들에게 혼란을 줬을 수도 있겠네요. 팀원들의 입장에서는 팀장인 제가 과감한 시도를 승인할지 묵살할지 예측하기가 어려우니 뭔가를 제안하는 일을 망설일 수밖에 없었을 것 같습니다. 저는 늘 적극적으로 나설 줄을 모른다며 팀원들을 나무라기만 했는데, 제가 장애물이었을 수도 있다는 생각이 드네요.

저는 성격이 외향적이에요. 그래서 팀원들과 이런저런 아이디어를 가볍게 주고받는 것을 즐기죠. 그런데 이 쪽지의 내용을 보니 제 그런 행동이 내향적인 동료들에게는 부담스러웠을 수도 있을 것 같아요. 그런 동료들은 혼자서 곰곰이 생각하고 아이디어를 서서히 개발해가는 것을 선호하니까요. 사실 지금까지는 그런 동료들의 생각을 묻지 않고 그냥 제 방식이 옳다고만 생각해왔는데, 이제 가능하다면 저와 다른 성향을 지닌 동료들에게 의견을 묻고 싶어요.

강연장의 참가자들은 다른 참가자들의 이런 발언을 듣고 여기저기서 고개를 크게 끄덕이거나 미소를 짓기도 한다.

우리가 직장에서 느끼는 감정은 자아실현에 큰 영향을 준다. 안심할 수 없는 환경에서 우리는 서서히 마음을 닫을 수밖에 없다. 이는 우리가 직장에서 최고의 재능을 드러내기 위해서는 심리적 안전이 중요하다는 의미다. 심리적 안전이 보장된 환경에서 우리는 평가에 대한 두려움 없이 스스로를 드러내고 의견을 말할 수 있다. 빛나는 재능을 드러내고 자신의 모습을 있는 그대로 보여주는 것이 편하지도, 안전하지도 않은 환경에서 직원들이 최고의 기량을 발휘하기를 바라는 것은 지나친 욕심이다.

취약성과 수치심 등의 감정에 관해 연구해온 심리 전문가 브레네 브라운Brené Brown은 이렇게 말한다. "실패 없이는 혁신도 창의성도 절대 있을 수 없다." 나는 브레네 브라운이 쓴《대담하게 맞서기Daring Greatly》에서 창의성, 수치심, 취약성 등에 대한 부분을 형광펜으로 밑줄을 그어가며 읽었다. 내 고객들의 이야기와 꼭 맞아떨어지는 내용이었기 때문이다. 창의와 혁신을 가로막는 가장 큰 장벽은 새로운 생각의 부족이 아닌 '아이디어를 제시했는데 조롱당하고 비웃음을 사고 무시당할 수 있다는 두려움'이다. 새로운 아이디어라는 것은 태생적으로 조금은 엉뚱하고 모두의 동의를 받지 못할 수도 있다. 그러나 노력 끝에 내놓은 아이디어나 결과가 비난이나 부정적인 평가뿐이라면 우리는 마음을 닫을 수밖에 없다. 브레네 브라운이 말했듯 "창의성, 혁신, 배움이 결여된 환경에서 번창할 수 있는 회사나 학교는 없는 법인데, 이 3대 자양분에 가장 큰 위협은 다름 아닌 멀어짐disengagement"이다.[41] 창의성이 성장할 수 있는 환경을 조성하기 위해서는 취약성을 나약함의 신호가 아닌 용기의 신호로 보는 문화가 정착되어야 한다. 그렇다면 어떻게 직장에 긍정적 피드백의 선순환을 정착시킬 수 있을까?

직장에서 다양한 실패를 어떻게 관리할 것인가?

직장에서 발생하는 문제의 형태는 다양하다. 어떤 문제를 더 심각하게 생각하는지는 사람에 따라 다르며, 옆자리 동료에게는 심각하게 느껴지는 문제가 내게는 큰일이 아니거나 그 반대인 경우도 있다. 각자의 회복력과 강점이 다르기 때문에 '최악의 상황'이라고 했을 때 각자가 떠올리는 상황 또한 조금씩 다를 수밖에 없다. 그런 의미에서 팀에 소속되어 일하는 이들은 다음의 두 가지 사항을 명심할 필요가 있다.

---

41) 《대담하게 맞서기》 브레네 브라운. 6장 '대담한 리더란 누구인가?'

첫째, 다른 사람의 괴로움이나 그들이 직면한 문제를 하찮게 여기지 말고 있는 그대로 받아들여야 한다. 다른 사람의 문제를 진정으로 이해하기 위해서는 대화를 통해 그들의 안전지대와 두려움지대를 이해하려는 노력이 필요하다. 그런 노력을 통해 우리는 타협점을 찾을 수 있다.

둘째, 같은 두려움에 대해서도 모두가 같은 반응을 보일 수는 없다는 점을 알아야 한다. 판매 할당량을 다 채우지 못한 영업팀이 있다고 가정해보자. 물론 모든 팀원이 걱정하겠지만, 그 기저 원인은 각자 다를 것이다. 어떤 이는 혹시라도 실직해서 아이들을 굶게 될지도 모른다는 두려움을 느낄 것이고, 어떤 이는 실적을 달성하지 못한 데 대한 실망이나 치욕으로 인해 두려움을 느낄 것이다. 그렇기 때문에 팀장의 단순한 당근과 채찍 전략은 효과가 떨어질 수도 있다

팀원 각자가 실패를 두려워하는 진짜 이유를 파악하고 있는 팀은 어려움이 닥쳐도 함께 더 잘 극복하고 혁신을 통해 변화할 수 있다. 창의적 문화가 강하게 자리 잡은 팀은 서로의 두려움을 이해하는 것은 물론, 실수나 실패에도 서로를 지지할 수 있는 보호망을 지닌 팀이라고 볼 수 있다. 이런 팀은 팀원들이 서로를 잘 파악하고 있기 때문에 넘지 말아야 할 선 또한 명확하게 인지하

일할 때	일할 때
당신의 창의성 발휘를	당신이 창의성을
돕는것	꺾는 것

고 있다. 팀으로서 확장된 안전지대에서 마음껏 창의성을 발휘하되, 언제 선회해야 할지도 명확하게 아는 것이다. 반면 팀의 내부가 제대로 결속되어 있지 않으면 팀장은 난감한 상황에 부딪힐 수밖에 없다. 문제를 맞닥뜨린 팀원들이 불만을 품거나 속상해하는 진짜 이유를 모르기 때문이다. 이런 상황에서 팀원들은 새로운 리스크나 혁신에 대해 불안해하고 꺼리는 모습만을 보이게 된다.

수익성과 목표만 강조하고 인간적인 측면은 무시하는 환경에서 팀원들은 당연히 지지를 느끼지 못한다. 실패에 대한 반응이 늘 부정적이기만 하다면, 우리의 뇌는 실패 또한 기회라는 점을 영영 배우지 못한다.

개인의 삶에서, 그리고 직장에서 혁신적인 마음가짐을 장려할 수 있는 두 가지 방법을 제시하고자 한다. 첫째는 적절한 보상 시스템을 만드는 것이고, 둘째는 어느 정도의 실수가 용인되고 때로는 권장되는 안전한 환경을 만드는 것이다. 보상 시스템이라고 해서 꼭 거창할 필요는 없다. 창의성을 발휘하기 위해 리스크를 감수한 직원을 칭찬하는 익명의 칭찬 상자 같은 것으로도 충분하다. 핵심은 직원들이 즐겁게 활용하고 인정받을 수 있는 업무 방식을 장려하고, 이를 기업 문화와 연계할 방법을 찾는 것이다.

어느 정도까지의 실수와 실패는 괜찮다는 것을 직원들에게 알려야 한다. 그렇지 않으면 대부분의 직원은 당연히 리스크를 회피할 것이다. 지금까지 진행된 수많은 연구가 인간에게 개선을 추구하는 본능이 있다는 점을 밝히고 있지만, 실수에 대한 처벌이 잠재적인 보상보다 높다면 본능적으로 리스크를 피할 수밖에 없다. 조직과 팀, 그리고 자신의 업무 방식에 효과적인 방법을 찾아서 새로운 시각과 기술을 실험하고 시험하고 시도해야 한다. 끊임없는 시도를 통해 나에게 맞는 방법이 무엇인지, 맞지 않는 방법은 무엇인지 파악하고 반복하는 자세가 중요하다.

실패를 받아들이는 다양한 방법

　미리 분명하게 말해둘 것이 있다. 실패 없는 삶은 존재하지 않는다는 점이다. 여러 번 실패하지 않고는 위대한 것을 만들 수 없다. 그렇기에 창의성을 위한 여정은 험난할 수밖에 없다. 그러나 그 고된 여정이 당신의 지속적인 노력과 발전을 가로막게 해서는 안 된다. 실패를 잘 받아들이는 법을 배우고, 그 실패를 발판 삼아 용기와 회복력을 강화할 수 있어야 한다. 그냥 하는 거다. 두려움과 완벽주의가 발목을 잡게 해서는 안 된다. 대담하게 더 시도하고 더 꿈꿔야 한다. 작은 시도를 자주 반복하는 연습은 시작을 위한 효과적인 도구다.

　이와 관련해 세 가지 활동을 권하고 싶다. 첫째, 스스로에게 솔직해짐으로써 두려움과 실패를 받아들이는 연습을 해보자. 당신이 가장 두려워하는 것을 다섯 가지 꼽는다면 무엇인가? 그 이유는 무엇인가? 3년 전에는 어떤 다섯 가지를 가장 두려워했는가? 3년 전의 목록과 지금의 목록이 어떻게 달라졌는가? 이런 연습을 통해 우리가 경험하는 두려움, 실패, 좌절을 하나씩 나열하고 살펴보다 보면 실패가 주는 부정적인 감정을 이해하고 관리하고 조절하는 것이 한결 쉬워진다. 적어놓은 두려움 목록을 보다 보면 자신이 어떤 것에 더 민감하게 반응하고 어떤 것에 신경을 덜 쓰는지 패턴을 읽어낼 수 있다. 실패에 대한 반응뿐 아니라 그 실패의 감정을 어떻게 극복하고 소통했는지, 거기에 어떤 패턴이 있는지도 함께 살펴보자. 그렇게 작성한 목록과 파악한 패턴들은 두려움과 실패에 대항할 더 나은 해결책을 찾는 데 귀중한 정보가 되어줄 것이다. 에디슨Thomas Alva Edison이 실패에 관해 한 다음의 말을 기억하자.

인생에서 실패한 사람 중 다수는 성공을 목전에 두고도 모른 채 포기한 이들이다.

나는 실패한 적이 없다. 그저 잘되지 않는 1만 개의 방법을 발견했을 뿐이다.

둘째, 자신의 안전지대가 현재 어떤 상태인지 세심하게 살피고 지금까지 어떻게 변화해왔는지 생각해보자. 우리는 대부분 무언가를 잃고 싶지 않기 때문에, 또는 불편한 어떤 것 때문에 두려움을 느낀다. 지금까지 경험한 실패를 세세하게 기록하고, 시간의 흐름에 따른 안전지대의 변화 속에서 배운 것이 무엇인지 다시 생각해보자. 지금 내가 두려워하는 것이 무엇인지 떠올려보고, 3년 전, 7년 전, 10년 전에 두려워했던 것들과 비교해보자.

셋째, 따로 시간을 내서 미래의 성공을 구체적으로 그려보자. 자세하면 자세할수록 좋다. 두려움을 극복하고 내놓은 제안이 채택되어 회사에서 실제로 시행된다면 어떤 모습일까? 당신의 질문 덕에 정책 방향이 개선되어 조직 내 다양성과 포용성이 강화된다면 어떤 모습일까? 그러한 변화는 당신의 일에, 당신의 팀에, 그리고 당신이 일하는 기업에 어떤 도움을 주게 될까?

우리는 종종 두려움이나 실패에만 연연하느라 성공이 가져올 수 있는 잠재적 영향은 잊곤 한다. 창의성을 활용해 새로운 성공을 이뤘을 때 경험할 수 있는 기쁨을 가로막는 가장 큰 장애물은 다른 사람이 아닌 자기 자신일 수도 있다.

믿는 것이 여정의 절반이다. 그러니 여정의 끝에 도달할 수 있다고 믿으면 그곳에 도달할 수 있을 것이다.

실패를 대하는 태도의 중요성

또 다른 전략은 상사와 동료들의 행동을 분석해보는 것이다. 실패의 가능성이 있음에도 당신으로 하여금 안전지대 밖으로 걸어 나오도록 격려한 사람은 누구인가? 새로운 아이디어를 나누거나 시도하려는 당신의 의욕을 꺾은 이들은 누구인가? 각각의 상황에서 들었던 감정을 떠올려보자. 그리고 구성원들이 실패에 대한 두려움 없이 혁신에 집중할 수 있게 하려면 관리 스타일에 어떤 변화가 있어야 할지 생각해보자. 팀원들 중에는 기다렸다는 듯 당장 새로운 시도를 내놓고 혁신에 뛰어드는 이도 있겠지만, 신뢰와 자신감을 조금씩 쌓아가며 시간을 두고 리스크를 감수하거나 창의적 시도를 하는 이들도 있을 것이다.

팀원들이 새로운 가능성을 탐구하는 동안 당신은 지도를 제공하고 가이드의 역할을 하면 된다.

한 조직이 내·외부적으로 실패에 관해 소통하는 방식은 실패에 대한 구성원들의 반응에 직접적인 영향을 미친다. 그리고 구성원들의 반응은 조직의 문화와 가치를 다시 강화한다.

실패에 대한 조직의 반응을 평가할 때 중요한 또 다른 요소는 일관성이다. 조직은 실패를 존중하고 인식하고 장려할 때 일관된 모습을 보여야 한다. 실패를 다루는 방식에서 일관성을 발견할 수 없다면 구성원들은 자신이 속한 조직에서 어떤 방식으로 성공적인 커리어를 쌓아야 할지 가늠하기가 어렵다. 실패를 다루는 데 명확한 범주나 가치를 정하지 않는다면, 단순히 실패했다는 이유로 그 시도에 들어간 노력까지 폄훼될 수 있다. 이는 좋은 실패를 장려하고 열린 환경을 조성하려는 기업의 문화와 노력에도 부정적인 영향을 줄 수밖에 없다.

지금 당신은, 그리고 당신의 조직은 어떤가?

일터에서의 창의적인 시도와 실패, 그에 대한 두려움에 관해 다음의 질문들을 바탕으로 생각해보자.

- 나는 왜 실패를 두려워하는가? 실패에 대한 두려움으로 인해 어떤 행동을 하게 되었는가? 또는 하지 않게 되었는가?
- 실패했지만 후회하지 않았던 때가 있는가? 후회하지 않은 이유는 무엇이었는가? 다른 실패와 어떤 점이 달랐는가?
- 예전에는 두려웠지만 이제는 두렵지 않은 것이 있는가? 그 이유는 무엇인가? 어떤 점이 달라졌으며, 어떤 점이 달라지지 않았는가?
- 어떤 리더들을 존경하는가? 존경하는 리더들의 이야기를 조사하고 그들이 어떤 질문을 통해 실패와 난관을 극복했는지 알아보자. 그들로부터 배울 수 있는 것은 무엇인가? 그들의 여정이 준 교훈을 바탕으로 내가 오늘 할 수 있는 일은 무엇

인가?

- 팀장으로서 어떻게 하면 팀원들로 하여금 위험을 감수하고 실험적 시도에 열린 태도를 가지게 할 수 있을까?

- 팀장으로서 팀원들이 위험을 감수하고 열린 태도로 실험적 시도를 하고 있는지 알아볼 수 있는 방법은 무엇인가?

- 기업이 어떻게 하면 '빠른 실패'를 장려하는 조직 문화를 조성할 수 있을까?

- 기업이 관리 가능한 리스크는 어디까지인가? 조직의 구성원들은 이를 잘 이해하고 있는가?

- '빠른 실패' 문화를 성공적으로 조성한 기업이나 리더를 찾아보자. 이에 실패한 기업이나 리더도 찾아보자. 그 성공과 실패에서 무엇을 배울 수 있을까?

기억해두자. 에디슨도 1,000번의 시도 끝에 전구를 만들었다. 감수해야 할 위험이 너무 크다고 불평하지 말고, 실패가 무조건 나쁜 것이라는 인식도 버리자. 다른 조직이나 리더들이 위험과 실패를 극복한 사례를 연구하자. 단, 알아보고 영감을 얻는 데서만 그쳐서는 안 된다. 그 사례에서 얻게 된 통찰을 우리의 삶에, 우리 팀의 업무에 가져와 적용하는 것이 중요하다. 그렇게 하기 위

해서는 다양한 형태로 우리를 찾아오는 실패를 반가운 마음으로
편안하게 맞이할 줄도 알아야 한다.

● 핵심 정리

1. 실패는 한 가지 모습으로 정의될 수 없다.

2. 어떤 순간은 우리에게 다른 순간보다 더 많은 가르침을 준다.

3. 모두의 회복력은 다르기 때문에 두려움을 느끼는 부분도 서로
   다를 수밖에 없다.

4. 실패를 받아들이면서도 조직의 가치와 자원, 제약을 존중하는
   팀을 만들어가는 것이 중요하다.

끝맺으며

상자에 갇혔는가? 다시 생각해보라

"매일 당신이 두려워하는 일을 한 가지 하라."
– 엘리너 루스벨트 –

직장에서 앞이 꽉 막힌 것 같거나, 스트레스를 받을 때, 아무런 아이디어도 떠오르지 않는 기분이 들 때면 우리는 어둡고 추운 상자 안에 갇힌 이미지를 떠올리곤 한다. 상자 안은 고립되어 있고, 아무것도 할 수 없는 무력한 장소다. 고정관념을 버리고 창의적으로 생각하라는 의미로 '상자 밖에서 생각하라thinking outside the box'라는 표현을 즐겨 사용하게 된 것도 그런 이유가 아닐까? 상자 안에 비해 밖은 막혀 있지도 않고 한계도 없는 곳이니 말이다.

잠깐, 그런데 정말 그럴까?

이렇게 생각해보자. 상자 안이 어둡다면 불을 켜보면 안 될까? 상자 안에 무엇이 있는지 살펴보기도 전에 불평부터 해도 괜찮을까? 상자 밖에서 애타게 찾아 헤맸던 새로운 세계가 혹시 처음부터 상자 안에 있었던 것은 아닐까? 우리는 대개 상자 안의 공간이 고정불변의 것이라고 생각한다. 그런데 세상을 인지하는 우리의 능력은 학습과 성장, 새로운 직업적·개인적 경험으로 진화하고 변화한다. 고정된 것은 상자 안의 공간이 아니다. 우리의 인식이 고정되어 있기 때문에 상자가 고정된 공간으로 보이는 것이다. 그러나 상자가 끊임없이 움직인다는 인식을 가지면 그 공간은 얼마든지 늘어나고 확장될 수 있다. 창의적인 마음가짐을 지닌 사람들이 직장에서도 자유를 느끼고 스트레스를 덜 받는 이유가 바로 이것이다. 그들은 자신이 원하기만 하면 상자 안에서도 마음껏 움직이고 성장할 수 있다는 것을 알고 있다.

그러나 안전지대를 부정적인 것으로만 인식하는 것은 바람직하지 않다. 우리가 살고 있는 집을 예로 들어보자. 하루 일과 중 무슨 일이 있어도 돌아갈 수 있는 안전하고 편안한 집이 있다는 것은 정말 좋은 일이다. 집의 모습이 매일 달라지거나 갑자기 불편한 곳에서 잠을 자야 한다면 좋아할 사람은 아무도 없을 것이다. 안전지대도 마찬가지다. 안전지대는 우리가 잠시 멈춰서 몸과 마음을 쉬고 회복하는 중요한 역할을 하는 곳이다. 자신의 안전지대를 이해해야만 낯선 곳이 어디인지, 두려움지대가 어디인지 파악해 새로운 시도가 필요할 때 얼마나 멀리까지 나가볼지 정할 수 있다.

우리는 모두 상자 안에 있는 것일 수도 있다. 그러나 그 상자는 우리가 생각하는 것만큼 작지도 않고, 고정되어 있지도 않다. 상자 밖으로 여행을 떠나도 결국 우리는 멋진 모험 뒤에 다시 편안한 상자로 돌아와 휴식을 취하고 재충전한다. 우리가 실제 갇혀 있기 때문에 창의성을 발휘하지 못하는 것이 아니다. 그보다는 왜 갇힌 듯한 감정이 드는지 이해하려 들지 않는 것이 더 큰 원인이다. 이런 깨달음은 우리에게 해방감을 준다. 노력과 끈기만 있다면 개선할 수 있다는 뜻이기 때문이다.

우리는 지금껏 너무 오랫동안 인간이 지닌 진정한 잠재력과 창조적 가치를 과소평가한 채 사람들의 재능을 낭비해왔다. 그러는 사이 세계 직장인의 87퍼센트가 일에 흥미를 잃고 직장을 답답하게 여기는 지경에 이르렀다. 이제 변화가 필요한 시기가 왔다. 함께 가져오는 그 변화의 과정은 탐색과 성장의 기회가 되어줄 것이다. 창의성을 강화하려는 우리의 노력, 조직에 더 창의적인 리더십을 도입하려는 우리의 노력은 다른 이들의 마음을 열어주는 영감이 되어줄 것이다. 그리고 그들은 또 다른 이들의 마음이 열리도록 독려할 것이다. 창의성은 물결처럼 파급 효과를 내며 전염된다. 당신이 바로 당신의 조직, 공동체, 사회 안에서 그 물결의 시작이 될 수 있다. 누군가는 그 물결을 파괴라고 부를지도 모르지만, 나는 그것을 하나의 움직임이자 운동이라고 부르고 싶다.

창의성을 다시 생각하고자 하는 나의 노력은 진정한 잠재력을 제약하는 사회의 정의를 벗어나 내가 인생에서 무엇을 더 할 수 있는지 다시 발견하기 위한 여정에서 좋은 동인이 되어주었다. 당신 또한 이 강력한 변화의 완전한 효과를 하루빨리 경험할 수 있으면 좋겠다.

늘 기억하자. 우리는 상자 안에 있지만, 그 상자는 무한히 팽창하는 우주를 담은 마법의 상자라는 것을.

이제 당신도 두려움을 버리고 뛰어들 차례다.

당신은 무한하다.

감사의 말

．

예전에 누군가가 내게 진정한 자신으로 사는 것이 세상에서 가장 쉬우면서도 어려운 일이라고 말한 적이 있다. 나는 원래도 가끔 이 말을 떠올리곤 했는데, 이 책의 한국어판을 준비하며 더 자주 그랬다.

이 책을 쓰는 것은 내가 창업가의 길을 걸으며 한 경험 중 단연코 가장 사색적이고 두려운 경험이었다. 나는 독서광이지만 내 생각을 쓰고 나누는 것에 관해서는 오랫동안 두려움을 품어왔다. 내 역량이 충분한지 확신이 서지 않았기 때문이다. 나는 내 생각이나 감정을 숨기는 데 서툰 사람이다. 그렇다 보니 내 생각을 글로 옮기는 것은 말 그대로 책 위에 나 자신을 펼쳐놓고 세상에 나를 있는 그대로 받아달라고 하는 것과 마찬가지였다. 내가 충분히 똑똑하지 않다는 것을 들키면 어떡하지? 충분히 친절하지 않다는 것을 들키면 어떡하지? 아직 살아갈 날이 훨씬 많은 나이인데, 내가 지금 아는 것이 옳다고 어떻게 확신하지? 그렇게 많은 의문 속에서 나는 뭔가 가치 있는 것을 쓰고 싶었다.

나는 미국에서 2년 동안 이 책의 출간을 준비하며 열 번 이상 내용을 다듬었고, 이번 한국어판 출간을 준비하면서 다시 다섯 번을 다듬었다. 내가 너무나도 사랑하는 한국이라는 나라를 위해 특별한 뭔가를 선물하고 싶었기 때문이다. 최선을 다하지 않고 나중에 후회하고 싶지는 않았다.

서울에 사는 친구가 해준 이야기가 머릿속을 계속 맴돈다. 꿈꾸기를 거부하는 세대가 나타나고 있다는 그 이야기 말이다. 한국에서 자라며, 또 외국에 거주하는 한국인으로서 자라고 일하며 겪은 경험들 또한 떠오른다. 나는 지금까지 영감과 존경심을 불러일으키는 많은 훌륭한 한국인을 만났다. 동시에 나는 열정적이었던 내 친구들 중 상당수가 현실과 타협하고 안주하게 된 모습도 보았다. 성공에 대한 압박, 완벽한 인생을 살아야 한다는 중압감은 한국에 사는 모든 이들의 삶을 더 어렵게 만들고 있는 것 같다. A학점이 아닌 B$^+$학점을 받는 게 정말 그렇게 불행한 일일까?

많은 학생들이 안정적인 고소득 일자리를 얻는 데 별 도움이 되지 않는다는 이유로 취미를 포기하고 있다는 이야기도 들었다. 꿈꾸는 이들의 영혼을 꺼뜨리지 않고 그들이 더 높이 날아오를 수 있도록 도울 수 있는 방법은 무엇일까? 나는 그 비전에 기여하고 싶고, 이 책이 그 여정의 일부가 될 수 있기를 바란다.

이 책을 집필한 것, 그리고 내 회사를 차린 것은 용기를 내 두려움을 직면하고 성장을 위한 여정을 시작하기 위해 내가 내디딘 여러 발걸음들 중 일부였다. 물론 내 생각에 동의하지 않는 사람도 있을 것이다. 그러나 그렇다고 해서 내 경험과 생각이 사실이 아니라는 의미가 되지는 않는다. 물론 앞으로 배움을 더해가며 개선하고 싶은 것들도 많다. 나는 매일 더 많은 것을 배우고 있다. 판단 받는 것에 대한 내 두려움은 순진한 것일까 자연스러운 것일까? 어느 쪽이든 상관없다. 내가 여기까지 오기 위해 기울인 노력의 순간들, 그리고 그 순간들을 통해 이제부터 내가 나아갈 수 있는 곳들이 더 중요하다. 나는 한 명에게라도 더 창의성과 희망의 불꽃을 전달하고 싶다. 이 책은 그런 내 진심을 담은 책이다.

내가 끌어안은 다양한 경험들과 질문들이 지금의 나를 만들었다.

첫 책을 마무리하며 이런 생각들을 나누는 것은, 그 여정에서 내가 겪은 모험과 배운 교훈들을 기억하기 위해서다.

이 책을 쓰며 얻은 중요한 교훈 중 하나는, 멀리 가려면 함께 가야 한다는 것이다. 모두에게 힘을 줄 수 있는 창의성에 관한 책을 쓰겠다는 생각은 오래전부터 품고 있었지만, 가족과 친구, 그리고 출판사의 든든한 지원이 없었다면 이 책을 써나가는 여정은 쉽지 않았을 것이다.

우선 무엇을 하든 100퍼센트 내가 되어야 한다는 것을 처음으로 알려주신 우리 부모님께 깊은 감사를 표하고 싶다.

이 책을 쓰고 이노베이터박스의 노력을 세상에 선보이는 여정에서 누구보다 큰 도움이 되어준 우리 가족과 이노베이터박스 식구들에게도 감사하다.

이 책이 미국에서 출간될 수 있다는 잠재력을 믿어준 젠 T. 그레이스Jenn T. Grace와 퍼블리시유어퍼포스프레스Publish Your Purpose Press 식구들에게도 감사의 말을 전한다.

창의성에 관한 이야기가 필요하다는 나의 비전에 공감하고 이 책이 한국에서 출간될 수 있도록 애써준 교보문고와 멋진 편집팀에도 감사하다.

독자들에게 내 메시지를 더 쉽게 전달할 수 있도록 미국에서 처음 출간된 책과 한국어판 출간을 위해 개정한 내용의 편집을 도와준 헤더 B. 하벨카Heather B. Habelka에게도 감사의 마음을 전한다.

다이아몬드는 하루아침에 만들어지는 것이 아니다. 나는 원래 이 책을 2016년 말에 내놓고자 했지만, 계획대로 되지 않았다. 지금 생각해보면 너무 다행스러운 일이었다. 그 뒤 주어진 시간 덕에 이 책의 내용은 더 풍성하고 깊어질 수 있었다. 2016년에 원래대로 책을 출간했다면 너무 서둘렀다는 생각을 떨칠 수 없었을 것이다. 현대사회를 사는 우리는 원하는 것을 즉시 손에 넣는 데 익숙하다. 나 또한 가끔 그런 경향이 있다는 것을 부정하지는 못하겠다. 그러나 가치 있는 것을 만들고자 할 때는 끈기와 인내가 반드시 필요하다. 귀한 것은 서두른다고 되는 것이 아니다. 그러니 그 여정을 즐길 수 있기를.

마지막으로 귀한 시간을 내어 이 책을 읽어준 독자들에게 감사하고 싶다. 이 책의 메시지가 여러분에게 영감과 힘을 주었기를 바란다. 만약 그랬다면 그 메시지를, 그리고 여러분의 100퍼센트를 세상과 나눠줬으면 좋겠다. 하루에 5분만 시간을 내서 창의적인 시도를 하자. 새로운 것을 시도할 수 있는 용기를 내자. 물론 잠시 멈춰 서서 시원한 바람을 느끼는 것도 잊지 말기를 바란다. 다른 이들이 도움을 필요로 할 때는 곁에 있어주자. 해시태그

'#RethinkCreativity'로 여러분의 여정과 이야기를 공유해줄 것을 부탁한다. 한 사람이라도 창의적인 시도로 그 잠재력을 완전히 발휘할 수 있다면 그 혜택은 우리 모두가 누리는 것과 다름없다.

이어지는 당신의 여정에서 들려올 소식을 기다리고 있겠다.

모니카 H. 강

배움을 이어가려면

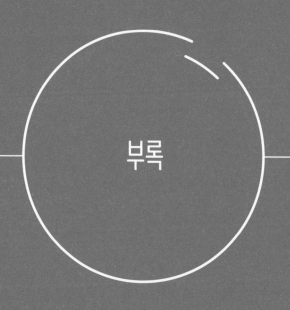

부록

"창의성은 점염된다. 계속 퍼뜨려라."

✦ 알베르트 아인슈타인 ✦

창의적 마음가짐을 찾아가는 아름다운 여정을 돕기 위해 내가 자주 활용하는 자료들을 공유하고자 한다. 순서는 특별히 없다. 여기에 소개한 자료 외에 여러분이 알고 있는 좋은 자료가 있거나 질문이 있다면 monica@innovatorsbox.com으로 알려주길 바란다.

혹시 당신, 또는 당신이 속한 팀의 창의적 사고에 이노베이터박스의 도움이 필요하다면 연락을 주기 바란다. 누군가의 창의적 사고를 돕는 일이라면 언제나 환영이다.

1. 추천 도서

독서를 좋아하는 이들이라면 www.innovatorsbox.com/resources

에서 이노베이터박스의 추천 도서 목록을 참고할 것을 권한다.
내가 좋아하는 책들 중 도움이 될 만한 것들을 추려보았다.

- 《어떻게 질문해야 할까A More Beautiful Question》 워런 버거Warren Berger

- 《손자병법》 손무

- 《빅매직Big Magic》 엘리자베스 길버트Elizabeth Gilbert

- 《유쾌한 크리에이티브Creative Confidence》 톰 켈리Tom Kelley, 데이비드 켈리David Kelley

- 《창의성을 지휘하라Creativity, Inc.》 에드 캣멀Ed Catmull

- 《천재들의 창조적 습관The Creative Habit》 트와일라 타프Twyla Tharp

- 《아프지 않다는 거짓말Emotional First Aid》 가이 윈치Guy Winch

- 《몰입Flow》 미하이 칙센트미하이Mihaly Csikszentmihalyi

- 《인지니어스inGenius》 티나 실리그Tina Seelig

- 《이매진Imagine》 조나 레러Jonah Lehrer

- 《어린 왕자Le Petit Prince》 앙투안 드 생텍쥐페리Antoine de Saint-Exupery

- 《마인드셋Mindset》 캐럴 S. 드웩Carol S. Dweck

- 《오리지널스Originals》 애덤 그랜트Adam Grant

- 《습관의 힘The Power of Habit》 찰스 두히그Charles Duhigg

- 《행복의 비밀Triumphs of Experience》 조지 E. 베일런트George E. Vaillant

- 《창의성을 타고나다Wired to Create》 스콧 배리 카우프만Scott Barry Kaufman, 캐럴린 그레고어Carolyn Gregoire

- 《우리는 왜 잠을 자야 할까Why We Sleep》 매슈 워커Matthew Walker

2. 핵심 도구들

다음은 창의적 사고 계발을 위한 일상 활동이나 회의용 질문 카드로 활용할 수 있는 유용한 도구들이다. 다음의 활동을 할 때는 반드시 시작 전 워밍업 시간과 마무리 후 내용을 돌아볼 수 있는 정리 시간을 추가하는 것이 좋다. 혹시 활동을 하고 난 후 조금 힘들거나 피곤하게 느껴지더라도 걱정할 것은 없다. 창의성 근육이 작동하고 있다는 의미다.

- 창의성을 위한 하루 5분: 핵심은 일관성이다. 새로운 시도를 하기 위해 매일 5분의 시간을 내는 것은 잠시 멈출 여유를 찾고 새로운 사고방식을 연습할 수 있는 강력한 방법이다. 회사에서 하루 5분씩만 시간을 내서 새로운 사고를 시도해보자.

- '어떻게 하면?'이라는 질문: 질문을 던지는 것은 좋은 일이다. 이때 중요한 것은 답이 정해지지 않은 개방형 질문을 던지는 것이

다. 어디서부터 시작해야 할지 확신이 서지 않는다면 '어떻게 하면?'이라는 질문으로 접근해보자. '어떻게 하면?'이라는 질문은 답을 '그렇다'나 '아니다'로 한정하지 않기 때문에 열린 태도를 유지하며 답을 찾을 수 있도록 도와준다. 이런 질문법은 디자인 사고나 혁신 프로그램에서도 널리 사용된다. 일상적인 업무에서도 '어떻게 하면' 질문법을 적극 활용하면 발상의 전환을 도울 수 있다.

• '왜?'라고 다섯 번 묻기: 이것은 특정한 문제의 이면에 있는 인과관계를 탐색하기 위해 반복적인 질문을 활용하는 기법이다. 이 기법의 주된 목표는 '왜?'라는 질문을 다섯 번 던짐으로써 문제나 결함의 근본 원인을 찾아내는 것이다. 이 기법은 원래 도요타 자동차의 오노 다이이치大野耐一가 도요타 생산 방식을 확립하는 과정에서 사용하기 위해 개발한 것으로, 도요타는 이 기법을 활용해 자사 제품의 결함을 줄이고 소비자에게 사랑받는 제품들을 만들 수 있었다. 문제의 근본 원인을 파악하면 추후 발생하는 문제들을 더 나은 방식으로 해결할 수 있다.

• 스캠퍼 기법: 스캠퍼SCAMPER는 다르게 생각하기를 체계적으로

연습할 수 있는 훌륭한 도구로, 1953년 알렉스 오즈번Alex Osborn이 처음 창안하고 이를 바탕으로 1971년 밥 에벌Bob Eberle이 발전시켰다. 스캠퍼는 협동적 학습에 활용할 수 있는 행동 기반의 사고 프로세스다. 방법은 다음과 같다. 우선 다루고 싶은 대상을 정하고 그와 관련되어 자신이 지니고 있는 아이디어와 목표를 정의한다. 다음에 제시한 스캠퍼 키워드 중 하나를 골라 문제에 대한 답을 도출해보고, 키워드에 따라 답이 어떻게 달라지는지 비교해본다.

S Substitute, 대체하기: 기존의 대상을 그것과 동등한 것으로 대체해보기

C Combine, 결합하기: 기존의 대상에 새로운 것을 더해 결합하기

A Adjust, 조절하기: 대상을 구성할 수 있는 여러 방법을 파악하기

M Modify, 수정하기: 대상을 창의적으로 변경하기

P Put to Other Uses, 다른 용도로 사용하기: 대상을 사용할 수 있는 다른 상황이나 시나리오를 생각해보기

E Eliminate, 제거하기: 기존의 대상에서 불필요하거나 가치가 없는 아이디어/요소 제거하기

R Reverse/Rearrange, 반전하기/재정렬하기: 기존의 개념에서 새로운 개념으로 진화하기

• 강제 적용: 누군가에게 즉각적으로 창의성을 발휘하도록 강제할 수는 없지만, 질문 카드를 활용해 색다른 생각을 시도하게 하는 것은 가능하다. 강제 적용은 두 가지의 상관없는 아이디어나 요소, 물건 등을 제시한 후 그 둘을 활용해 어떤 새로운 아이디어가 나올 수 있는지 탐색해보는 기법이다. 예를 들어 포장을 뜯지 않은 네모난 새 초콜릿 바와 검은색 펜을 앞에 놓고 노인 의료를 위한 새로운 제품에 대해 생각해보는 식이다. 초콜릿에서 영감을 받아 갈색의 무언가, 씹을 수 있는 무언가, 또는 바 모양의 무언가를 생각해볼 수도 있을 테고, 펜을 보고 기록을 위한 무언가를 떠올릴 수도 있을 것이다. 아니면 두 가지를 기발하게 접목한 아이디어가 떠오를 수도 있다. 두 물건 모두 우리에게 영감을 주어 새로운 요소를 찾고 다르게 생각하도록 유도할 수 있다. 두 물건의 조합이 엉뚱할수록 창의성을 발휘하는 데는 더 좋은 연습이 된다.

3. 이노베이터박스가 개발한 게임과 도구

다음으로 소개할 것은 협업과 문제 해결, 의사 결정에서 창의성을 촉발시키기 위해 이노베이터박스가 만든 카드 게임과 도구들이다. 이 도구들은 다양한 상황에서 활용될 수 있다. 교실에서 학생들과의 활동에 사용할 수도 있으며, 브레인스토밍 회의나 팀 회의가 벽에 부딪혔을 때, 심지어 데이트 상대나 가족과 대할 때도 유용하다. 현재 세 가지 종류의 카드가 출시되어 있으며, 주문은 www.Innovatorsbox.com/shop에서 가능하다.

• 스파크SPARK : 스파크는 이노베이터박스의 대표적인 창의성 카드로, 협업과 소통을 돕기 위해 설계되었다. 발상의 전환은 중요하지만, 그런 시도를 해본 지가 너무 오래되었다면 시작점을 찾기 어려울 수 있다. 창의성 카드, 호기심 카드, 돌아보기 카드로 나눠진 스파크 질문 카드는 질문을 던지고 생각하는 능력과 발상을 전환하는 능력에 불을 지펴준다. 브레인스토밍, 네트워킹, 팀 빌딩 활동에 활용할 수 있으며 자신을 더 잘 알아가는 데도 도움을 준다. 스파크 카드는 녹색 상자에 든 스파크1과 노란색 상자에 든 스파크2, 두 종류가 있다. 스파크1은 팀과 함께 처음으로 창의적 질문을 연습해보려는 경우에 적합하며, 스파크2는 스파크1 활동을 마친 후 추가적인 도전이나 창의적 질문이 필요할 때 효과적이다.

• 리이매진ReImagine : 리이매진은 이노베이터박스가 개발한 동기부여와 영감부여 도구 시리즈다. 더 창의적인 사람이 되고 싶지만

방법을 모르겠는가? 걱정할 필요 없다. 창의적 마음가짐은 하루 만에 만들 수 있는 것이 아니다. 창의성을 강화하기 위한 길고도 험한 과정은 매일 작은 실천을 하는 데서 시작된다. 리이매진 수첩과 카드는 매일 창의성을 조금씩 일깨우는 도구다. 리이매진 카드는 일상을 벗어나 창의성을 일깨우는 60개의 질문 카드로 구성되어 있다. 두 도구 중 하나를 골라 사용할 수 있으며, 둘을 함께 활용하는 것도 가능하다.

• 인피니티Infinity: 인피니티는 문제 해결과 의사 결정을 돕기 위해 고안된 시리즈다. 우리가 뭔가를 생각하고, 처리하고, 결정을 내리는 방식을 바꾸는 데는 시간이 걸린다. 인피니티는 그 과정을 더 쉽게 만들기 위한 질문 카드로 구성되어 있다. 인피니티 카드는 문제를 다른 방식으로 해결하고 싶을 때, 당신의 팀에게(또는 스스로에게) 가능한 모든 질문을 던져보았는지 확인하고 싶을 때 유용하게 쓸 수 있다. 인피니티 스퀘어드Infinity Squared는 질문을 새로운 방식으로 조합하고 물을 수 있게 해주는 주사위다. 카드와 주사위 모두 새로운 방식의 문제 해결을 위해 사용할 수 있다.

4. 이노베이터박스의 무료 리소스

- 이노베이터박스 홈페이지에서는 조직 문화, 팀, 회의 진행 방식 등을 창의적으로 변화시키는 데 도움을 줄 혁신 활동 워크시트를 무료로 다운로드할 수 있다. 워크시트에는 창의적 리더십, 실패 이후의 회복, 포용적인 브레인스토밍 등에 관한 다양한 질문이 포함되어 있다. 영어, 한국어, 중국어, 일본어, 프랑스어, 아랍어, 스와힐리어, 스페인어 등 다양한 언어로 번역되어 있으므로 해외 지사에도 쉽게 공유할 수 있다.

https://www.innovatorsbox.com/free-worksheets

- 〈컵 오브 퍼스펙티브A Cup of Perspective〉는 우리 안의 창의성을 다시 발견하고 창의적 자아를 세계와 나눌 수 있게 도와주는 짧은 글과 그림으로 구성된 두 권짜리 에세이 모음집이다. 매일 한 장씩 인쇄해 영감 도구로 읽기에 좋다.

https://www.innovatorsbox.com/cup-of-perspective

- 코로나19 바이러스는 우리가 일하는 방식과 삶의 방식을 바꾸었다. 이전에는 경험하지 못했던 심리적 부담과 스트레스, 불안감이 퍼져나갔지만 이로 인해 우리는 또한 협력하고, 연결하고,

창조할 수 있는 강력한 새로운 방법들을 찾아냈다. 알 수 없는 미래를 맞아 두려움에 사로잡히지 않고 풍요로운 삶을 살 수 있도록 돕고자, 우리는 마인드를 강화하고 창의적인 회복력을 키울 수 있는 5단계 도구를 만들었다. 건강한 육체가 하루아침에 만들어지지 않는 것처럼, 마음의 풍요 또한 반복적인 실천과 믿음이 필요하다. 여기 도구들을 사용해 5일간 도전해보거나 일상생활에 통합시키기 바란다.

http://www.innovatorsbox.com/resilience

창의성에 뛰어들기 위해 시간을 낸 여러분 자신에게 감사의 마음을 갖기를 바란다.

여러분에게서 들려올 놀라운 변화의 소식을 기쁜 마음으로 기다리겠다.

R e t h i n k

C r e a t i v i t y

새로운 생각은 어떻게 나를 바꾸는가

초판 1쇄 발행 2020년 11월 5일
초판 6쇄 발행 2022년 6월 30일

지은이 모니카 H. 강
옮긴이 정영은
발행인 안병현
총괄 이승은 **기획관리** 송기욱 **편집장** 박미영
기획편집 김혜영 정혜림 **디자인** 이선미 **마케팅** 신대섭 **관리** 조화연

발행처 주식회사 교보문고
등록 제406-2008-000090호(2008년 12월 5일)
주소 경기도 파주시 문발로 249
전화 대표전화 1544-1900 **주문** 02)3156-3681 **팩스** 0502)987-5725

ISBN 979-11-5909-997-7 03320
책값은 표지에 있습니다.